Vogel | Der Zweite Weltkrieg in Italien 1943–1945

Kriege der Moderne

Herausgegeben vom Zentrum für Militärgeschichte und Sozialwissenschaften der Bundeswehr

Thomas Vogel

Der Zweite Weltkrieg in Italien 1943–1945

Reclam

Zentrum für Militärgeschichte und Sozialwissenschaften der Bundeswehr, Fachbereich Publikationen (0875)

2021 Philipp Reclam jun. Verlag GmbH,
Siemensstraße 32, 71254 Ditzingen
Umschlagabbildung: Kurz vor dem Ende der alliierten Operation »Husky« auf Sizilien: Lieutenant General George S. Patton (li.), Oberbefehlshaber der 7. US-Armee, und Lieutenant Colonel Lyle Bernard, Kommandeur des 30. US-Infanterieregiments, nach dessen Angriffsaktion bei Brolo am 11. August 1943. akg-images
Druck und Bindung: Firmengruppe APPL, aprinta druck GmbH,
Senefelderstraße 3–11, 86650 Wemding
Printed in Germany 2021
RECLAM ist eine eingetragene Marke der
Philipp Reclam jun. GmbH & Co. KG, Stuttgart
ISBN 978-3-15-011208-3

Auch als E-Book erhältlich

www.reclam.de

Inhalt

1 Zwischen Scylla und Charybdis 7

2 Die »Festung Europa« vor dem Sturm 11

2.1 Die deutsch-italienische »Achse« in der Defensive 11

2.2 »Zweite Front«: die Westalliierten auf dem Sprung nach Europa 14

3 Der Kampf um Sizilien: Juli/August 1943 19

3.1 Planung und Vorbereitung der alliierten Operation »Husky« 19

3.2 In Erwartung der Invasion: Italiener und Deutsche auf Sizilien 23

3.3 D-Day für »Husky« und der Feldzug in Sizilien 26

4 Politischer Machtwechsel in Italien: Juli bis September 1943 41

4.1 Mussolinis Sturz und die deutsche Reaktion 41

4.2 Mussolinis Rückkehr und sein Italien von Hitlers Gnaden 47

5 Der Kampf um Süditalien: September bis November 1943 51

5.1 Die alliierten Landungen in Süditalien: »Avalanche«, »Baytown«, »Slapstick« 51

5.2 Auf dem Weg zur »Gustav-Linie« 56

6 Der Kampf um Mittelitalien: November 1943 bis September 1944 67

6.1 Kämpfe im Vorfeld der »Bernhard-Gustav-Linie« und die Geburt von Operation »Shingle« 67

6.2 Die Erste Schlacht um Cassino und die alliierte Landung bei Anzio 72

6.3 Die Zweite Schlacht um Cassino 82

6.4 Die Dritte Schlacht um Cassino 85

6.5 Alliierter Durchbruch bei Cassino und Vorstoß auf Rom 91

6.6 Die Alliierten am Zwischenziel: Rom 95

6.7 Deutscher Rückzug aus Mittelitalien 99

6.8 Alliierte Umplanung und Offensive gegen die »Goten-Linie« 103

7 Der Kampf um Norditalien: September 1944 bis April 1945 111

7.1 Kämpfe um die Zugänge zur Po-Ebene und britischer Durchbruch an der Adria 111

7.2 Eine ›Winterpause‹ im Patt 118

7.3 Alliierte Frühjahrsoffensive und Kriegsende in Italien 123

8 Kriegsverbrechen und Gewalt gegen die Zivilbevölkerung 131

9 Die Alliierten und die Mafia 141

10 Schlussbetrachtung 147

Anhang

Zeittafel 154
Literaturhinweise 157
Abbildungsnachweis 158
Personenregister 159

Kurz vor dem Abschluss von »Unternehmen Lehrgang«: Ein deutsches Pionier-Landungsboot entlädt aus Sizilien evakuierte Truppen und Fahrzeuge des XIV. Panzerkorps an der Küste Kalabriens, 16. August 1943.

1 Zwischen Scylla und Charybdis

Die Morgendämmerung taucht Paradiso nördlich von Messina in ein schwaches Licht. Der 17. August 1943 verspricht wieder ein heißer Tag zu werden. Der Hochsommer macht die Kämpfe auf Sizilien zu einer schweißtreibenden Angelegenheit. Nach Wochen gehen sie an der Straße von Messina dem Ende entgegen. Die Evakuierung von über 100 000 deutschen und italienischen Soldaten mit Schiffen und Booten auf das italienische Festland ist fast abgeschlossen. Ein letzter kleiner Brückenkopf um Messina hält sich gegen die Angriffe der Alliierten.

Über der Meerenge mit ihren gefährlichen Strömungen herrscht trügerische Ruhe. Die alliierten Jäger und Bomber, die sonst den Luftraum beherrschen, bleiben seit Kurzem aus. Verlässlich legen sie zu dieser Stunde eine Pause zwischen ihren Nacht- und Tagangriffen ein. Folglich schweigen auch die deutschen und italienischen Flugabwehrgeschütze, die den Fährverkehr bislang gut geschützt haben. Dafür dringt bis Paradiso das Grollen des Artilleriefeuers von der nahen Front, wo deutsche Nachhuten den Gegner auf Abstand halten.

An der Fährstelle bei Paradiso döst eine deutsche Uferwache, bis Motorenlärm sie aufschreckt. Im Dämmerlicht vor der Küste nähern sich drei deutsche Pionier-Sturmboote in schneller Fahrt. Wenig später laufen sie kontrolliert auf den Strand auf. Ihr Führer springt an Land und ruft: »Hallo, Kameraden, kommt mal her und packt mit an!« Unter Anleitung des Feldwebels hilft die Uferwache, die sieben Zentner schweren Boote umzudrehen, damit sie schnell ablegen können.

Keine fünf Minuten später fahren auf der Uferstraße eine Limousine mit offenem Verdeck und dahinter ein »Kübelwagen« mit Funkausstattung vor. Beide Fahrzeuge sind übervoll besetzt und mit Gepäck beladen. Die sauberen Stander auf den Kotflügeln der ansonsten verdreckten Limousine fallen ins Auge. Sie verraten die Ankunft des ranghöchsten deutschen Soldaten auf Sizilien: General der Panzertruppe Hans Valentin Hube, Kommandierender General des XIV. Panzerkorps.

Schon ist der Feldwebel zur Straße hochgeeilt. Während die Limousine vor ihm hält, nimmt er stramme Haltung an. Der Beifahrer, ein junger Hauptmann, springt aus dem Wagen und öffnet die hintere Tür. Etwas steif steigt General Hube aus und klopft sich den Staub aus der Uniformjacke. Beleibt, mit vollem Gesicht und leicht verschmitztem Ausdruck, entspricht er wenig dem Klischeebild vom preußischen General. Der gebürtige Naumburger hat sich einen hervorragenden Ruf als Truppenführer erworben, zuletzt in Stalingrad. Das Ritterkreuz mit Eichenlaub und Schwertern um den Hals kündet davon. Wegen seiner geradlinigen und umgänglichen Art ist »Papa Hube« bei den Soldaten beliebt. Allerdings gilt er als »linientreu«; sogar das Vertrauen Hitlers besitzt er.

Der Feldwebel beendet gerade seine Meldung, als ihm die schwarze Handprothese Hubes auffällt: Richtig, der General hat ja im letzten Weltkrieg seinen linken Arm verloren! – Da hat sich Hube schon seinen Leuten zugewendet: »Na, dann wollen wir mal!« Mit seinem Adjutanten besteigt er ein Sturmboot. »Also, Männer, alles Gute und auf Wiedersehen drüben!«, ruft er den Soldaten zu. Dann salutiert er zum endgültigen Abschied von Sizilien.

Ein letztes Mal sind alle Hände nötig, um die Boote ins Wasser zu schieben und abzustoßen. Gleichzeitig lassen die Bootsführer die Motoren an. Sobald die Wassertiefe ausreicht, senken sie die Propeller ab. Die Boote nehmen Fahrt auf und formieren sich in Kiellinie. Bald jagen sie in Höchstfahrt Catona an der Küste Kalabriens entgegen. Müde kauert Hube in seinem Boot. »Halb sechs, gute Zeit!« murmelt er mit Blick auf seine Uhr. Obwohl er Sizilien aufgeben muss, ist er zufrieden. Bis zuletzt hielten seine Divisionen die alliierte Übermacht in Schach. Mit Geschick und Glück hat er sie nun evakuiert. Der »Führer« wird ihm dankbar sein, weil dadurch eine Chance besteht, das italienische Festland zu verteidigen. Und die NS-Propaganda bekommt ihren Helden, weil er selbst bis zuletzt auf Sizilien ausgehalten hat.

Der erfolgreiche ›Regisseur‹ des deutsch-italienischen Rückzugs von Sizilien: General der Panzertruppe Hans Valentin Hube (1890–1944).

Der Feldzug auf Sizilien wird zum Muster für den nachfolgenden Krieg auf dem Festland, denn immer wieder können sich die Deutschen einer vernichtenden Niederlage entziehen. Obwohl Italien nach dem Sturz von Diktator Benito Mussolini im September 1943 aus dem Bündnis mit Deutschland ausschert, erfüllen sich die Hoffnungen der Alliierten auf einen schnellen Sieg nicht. Ihr Weg nach Norden durch die gebirgige Apennin-Halbinsel wird mühsam und verlustreich. Fast zwei Jahre lang erlebt das Land Tod und Zerstörung durch Krieg und deutsche Besatzung. Erst Ende April 1945 streckt die Wehrmacht auf diesem Kriegsschauplatz die Waffen.

↗ Die politischen und militärischen Spitzen der Westalliierten während der Konferenz von Casablanca im Januar 1943. Vorne US-Präsident Franklin D. Roosevelt (1882–1945; links) und der britische Premierminister Winston S. Churchill (1874–1965; rechts); dahinter die Vereinten Stabschefs von Amerikanern und Briten.

2 Die »Festung Europa« vor dem Sturm

2.1 Die deutsch-italienische »Achse« in der Defensive

Die Anzeichen, dass die verbündeten »Achsenmächte« Deutschland, Italien und Japan den Krieg verlieren würden, mehrten sich zur Jahreswende 1942/43. Den Siegeszug der Japaner im Pazifik hatten die Amerikaner schon im zweiten Halbjahr 1942 gestoppt. In Stalingrad erlebte soeben die deutsche 6. Armee neben verbündeten Armeen aus Ungarn, Italien und Rumänien ihren Untergang. Und in Nordafrika befand sich Generalfeldmarschall Erwin Rommel mit seiner Deutsch-Italienischen Panzerarmee seit dem Herbst 1942 auf dem Rückzug vor der britischen 8. Armee unter General Sir Bernard L. Montgomery. Um Rommel in die Zange zu nehmen, war zudem am 8. November 1942 US-Lieutenant General Dwight D. Eisenhower mit einer amerikanisch-britischen Armee an der Küste Marokkos und Algeriens gelandet (Operation »Torch«, d. h. ›Fackel‹).

In dieser kritischen Lage für die »Achse« stand es um das deutsch-italienische Bündnis nicht gut. In beiden Ländern war es wenig populär, das Verhältnis teils noch durch die Gegnerschaft im Ersten Weltkrieg getrübt. Umso mehr hing es von der persönlichen Verbundenheit von Hitler und Mussolini ab, des deutschen »Führers« und des italienischen *Duce*. Wegen der politischen Eigenmächtigkeit beider Diktatoren konnte jedoch von einer strategischen Allianz keine Rede sein. In Berlin war man enttäuscht vom wirtschaftlichen und militärischen Leistungsvermögen Italiens, das weit hinter den Erwartungen zurückblieb. Zunehmend gaben die Deutschen den Ton im Bündnis an, mussten aber auf die Gefühle der Italiener Rücksicht nehmen, um nicht Mussolinis Herrschaft zu gefährden, die wegen seiner kriegerischen Misserfolge bereits angeschlagen war. Denn Italien blieb als Verbündeter für Hitler aus strategischen Gründen unverzichtbar. In Nordafrika behaupteten sich Italie-

Letzte Begegnung der beiden Diktatoren auf italienischem Boden: Adolf Hitler (1889–1945; vorne li.) und Benito Mussolini (1883–1945; vorne rechts) am 19. Juli 1943 vor der Villa Gaggia nahe der oberitalienischen Stadt Feltre; hinter bzw. zwischen ihnen der Chef des OKW, Generalfeldmarschall Wilhelm Keitel.

ner und Deutsche immerhin zweieinhalb Jahre lang, bevor ihr gemeinsamer Feldzug mit einem zweiten »Stalingrad« endete: 270 000 deutsche und italienische Soldaten gingen in alliierte Gefangenschaft, als die Heeresgruppe Afrika am 12./13. Mai 1943 bei Tunis kapitulieren musste.

Der deutsche Oberbefehlshaber Süd (ab 21. November 1943: Südwest) und ranghöchste deutsche Soldat im mittleren Mittelmeerraum: Generalfeldmarschall Albert Kesselring (1885–1960), hier an der Front in Italien 1944.

Die Folgen der Niederlagen von Stalingrad und Tunis belasteten das schwierige Verhältnis zwischen den Verbündeten zusätzlich. Der Verlust Libyens, ihrer letzten Kolonie, ernüchterte viele Italiener, die an Mussolinis Versprechen von einem neuen Römischen Reich geglaubt hatten. Nicht zuletzt wegen der zunehmenden alliierten Luftangriffe, die ohne wirksame Gegenwehr blieben, machte sich in Italien Kriegsmüdigkeit breit. So geriet Mussolinis Regime ins Wanken, während dem Land eine alliierte Invasion aus Nordafrika drohte. In Berlin war man alarmiert und traf im Mai 1943 Vorkehrungen für den Fall, dass Italien das Bündnis verlassen würde. Gleichzeitig wurden der politische Druck auf Rom und die deutsche Präsenz in Italien erhöht, um das Land im Bündnis zu halten und stärker in die deutsche Kriegführung einzuspannen. Die wachsende antideutsche Stimmung in Italien mahnte dabei zur Vorsicht.

Der deutsche Oberbefehlshaber Süd, Generalfeldmarschall Albert Kesselring, war mit seinen Truppen in Italien formell dem italienischen Oberkommando unterstellt, wurde aber im späten Frühjahr 1943 immer mehr zum »starken Mann« im Land, wo er über eine beachtliche Anzahl deutscher Divisionen gebot. Einige wurden aus dem Rückstau der

Truppen formiert, die für Tunesien bestimmt gewesen waren. Andere verlegte man aus dem besetzten Frankreich nach Italien. Das setzte Hitler hinter Mussolinis Rücken durch, weil er mit dem Abfall Italiens vom Bündnis rechnete und den Italienern nicht zutraute, ihr Land zu verteidigen. Die strategische Rechnung der Alliierten schien daher aufzugehen. Das Land war offensichtlich kriegsmüde, seine Armee schwer angeschlagen, sein faschistisches Regime am Ende. Zum Schutz der deutschen Südflanke musste die Wehrmacht bereits andere Positionen schwächen. Doch wurden die Deutschen in Italien stärker und waren dabei, das Ruder dort zu übernehmen.

2.2 »Zweite Front«: die Westalliierten auf dem Sprung nach Europa

Briten und Amerikaner feierten im Mai 1943 in Nordafrika ihren ersten gemeinsamen Triumph. Dessen Wurzeln reichten bis Ende 1941 zurück, als der britische Premier Winston S. Churchill und US-Präsident Franklin D. Roosevelt ihre globale Strategie vereinbart hatten. Vorrangig sollte Deutschland bekämpft werden (*Germany first!*), erst in zweiter Linie Japan. Die Alliierten konnten sich aber nur schwer auf eine Strategie gegen ihren Hauptgegner einigen. Die Amerikaner wollten ihn auf direktem Weg über Westeuropa angreifen, um die drohende Niederlage der Sowjetunion zu verhindern. Denn längst drängte Stalin auf die Eröffnung einer »zweiten Front« gegen Deutschland.

In London hatte man dafür Verständnis, lehnte aber einen direkten Angriff auf Deutschland entschieden ab. Churchill hielt die noch im Aufbau befindliche alliierte Militärmacht für zu schwach, zumal eine anspruchsvolle amphibische Landungsoperation erforderlich sein würde. Deshalb verfolgte er eine indirekte Strategie gegen den *soft underbelly* (›weichen Unterleib‹) des deutschen Machtbereichs im Süden. Als nach dem Fall Tobruks im Juni 1942 die britische Position in Ägypten wackelte, gab Roosevelt in der Strategiefrage nach. So beschlossen die Westalliierten, noch 1942 mit der Operation »Torch« eine »zweite Front« zu eröffnen, wenngleich vorerst nur in Nordafrika.

Eine Invasion in Italien war für die Alliierten nicht sofort ausgemacht. Erst auf der Gipfelkonferenz von Casablanca im Januar 1943

stellten sie die Weichen dafür. Vor allem die Briten wollten einen Erfolg im Mittelmeerraum weiter ausbauen, war doch die alliierte Hauptmacht dort vorerst gebunden. Ein Angriff auf Sizilien oder Sardinien verhieß den schnellen Zusammenbruch Italiens, was wiederum ein Eingreifen der Deutschen erwarten ließ, die dazu ihre Ostfront schwächen müssten. Dagegen sahen die Amerikaner im Mittelmeerraum weiter eine strategische Sackgasse und stimmten einer Eroberung Siziliens nur widerwillig zu. Das Unternehmen erhielt den Decknamen »Husky«. Im Gegenzug billigten die Briten den Plan einer Invasion in Nordfrankreich für 1944 (Operation »Overlord«) und versprachen eine stärkere Beteiligung am Pazifikkrieg. Den Schlusspunkt in Casablanca setzte Roosevelt mit seiner Forderung nach »bedingungsloser Kapitulation« (*unconditional surrender*) der Achsenmächte.

Die militärische Zusammenarbeit von Amerikanern und Briten war damals weit gediehen. Längst besaßen sie einen gemeinsamen höchsten militärischen Planungs- und Führungsstab: Die Combined Chiefs of Staff (CCS) in Washington waren Roosevelt und Churchill direkt verantwortlich und begleiteten beide auf alle großen Konferenzen. Nie zuvor hatten Verbündete ihre militärische Führung derart oberhalb der nationalen Ebene integriert. Auch deshalb siegten die Alliierten am Ende über die »Achse«, die nichts Vergleichbares zustande brachte. Den CCS direkt unterstellt war General Eisenhower. Sein alliiertes Hauptquartier für den Mittelmeerraum (Allied Forces Headquarters; AFHQ) richtete sich zur Jahreswende 1942/43 in Algier ein. Die verantwortlichen Positionen dort wurden mit amerikanischen *oder* mit britischen Offizieren besetzt.

Im Februar 1943 machte dann die Vergrößerung der Allied Forces um Montgomerys Armee den Umbau der Kommandostruktur notwendig. Gewinner des Umbaus waren die Briten. Sie hatten sich zuletzt besser geschlagen als die unerfahrenen Amerikaner; zudem stellten sie nun den größten Teil der Allied Forces. So konnten sie die britische Führung der drei neuen Kommandobereiche der Land-, See- und Luftstreitkräfte durchsetzen. Erstere wurden in der 18. Heeresgruppe (18th Army Group) unter General Sir Harold Alexander zusammengefasst, dem neuen Stellvertreter Eisenhowers. Nach dem Ende der Kämpfe in Tunesien wurde Alexanders Oberkommando aufgelöst, aber schon im Juli 1943 als 15. Heeresgruppe (15th Army Group) wieder in Dienst gestellt, um bei der Operation »Husky« die Landstreitkräfte zu führen.

Im Mai 1943 trafen sich Roosevelt und Churchill erneut in Washington, um die Weichen für die Zeit nach »Husky« zu stellen. Churchills Vorschlag, einen Erfolg in Sizilien auf dem Festland auszubauen, stieß auf reservierte Amerikaner, die die Operation »Overlord« gefährdet sahen. Eisenhower durfte daher lediglich Vorschläge für die Fortführung des Krieges in Italien erarbeiten, je nachdem, wie sich »Husky« entwickelte. Er musste sogar damit rechnen, bereits im Herbst 1943 Truppen für »Overlord« abzustellen. Das konnte die Zuversicht im AFHQ kurz vor »Husky« aber nicht schmälern. Der Sieg in Nordafrika hatte die

Der amerikanische Oberbefehlshaber der alliierten Expeditionsstreitkräfte im Mittelmeerraum, General Dwight D. Eisenhower (1890–1969; rechts), und sein britischer Stellvertreter, General Harold Alexander (1891–1969), am 20. Mai 1943 in Nordafrika, kurz nach dem Sieg über die deutsch-italienische Heeresgruppe Afrika.

Moral der Truppe gestärkt; an Material wusste man sich dem Gegner überlegen. Der gemeinsame Kampf im letzten halben Jahr hatte Amerikaner und Briten miteinander vertraut gemacht. Bislang war es im Wesentlichen nach dem Willen der Briten gegangen, in der Strategiefrage wie in der Führung der Allied Forces. Die Amerikaner nahmen noch die Rolle des Juniorpartners ein, hatten aber dazugelernt und wurden selbstbewusster.

↗ Die Operation »Husky« läuft an: Soldaten des britischen XXX. Korps gehen am 10. Juli 1943 von einem Landing Craft Infantry (LCI), das bis zu 200 Soldaten fasst, an der Südspitze Siziliens an Land.

3 Der Kampf um Sizilien: Juli/August 1943

3.1 Planung und Vorbereitung der alliierten Operation »Husky«

Früh stand fest, dass Alexanders Heeresgruppe eine britische und eine amerikanische Armee umfassen würde, geführt von General Montgomery bzw. Lieutenant General George S. Patton, den erfolgreichsten wie eigenwilligsten Truppenführern der Alliierten. Wie Eisenhower und Alexander waren Montgomery und Patton mit ihren Hauptquartieren noch lange durch die Kämpfe in Tunesien beansprucht und konnten den Planungen für »Husky« daher zunächst nicht genügend Aufmerksamkeit schenken.

Anfangs überschätzten die Alliierten die italienische Kampfkraft. Ihr erster Entwurf für Operation »Husky« vom Februar 1943 sah deshalb den Einsatz von zehn Divisionen vor, für deren Versorgung die größten Häfen Siziliens in Palermo und Catania umgehend in Besitz gebracht werden mussten. Zu diesem Zweck sollte zunächst Montgomerys Armee in einem weiten Bogen zwischen Syrakus und Gela im Südosten von Sizilien landen, um von dort aus Catania einzunehmen; anschließend würden die Amerikaner unter Patton am anderen Ende der Insel landen und Palermo erobern.

Alexander und Eisenhower hatten den Operationsplan bereits akzeptiert, als Mitte März Montgomery Einspruch erhob. Der »Held von El Alamein« hatte endlich Zeit gefunden, sich mit dem Plan zu befassen – und sah ihn zum Scheitern verurteilt. Vor allem missfiel ihm, dass seine Armee die weiträumige Landung im Südosten Siziliens allein bestreiten sollte. Seiner Ansicht nach würde dies ihre Kräfte gefährlich überdehnen und zersplittern. Er schlug daher vor, die Gesamtoperation auf den Südosten Siziliens zu konzentrieren. Gegen starken Widerstand aus Luftwaffe und Marine konnte er schließlich Anfang Mai Alexander und Eisenhower für seine Idee gewinnen.

Also billigte Eisenhower am 10. Mai einen Plan, wonach Amerikaner und Briten nun eng verbunden im Südosten Siziliens landen würden. Zur Genugtuung Montgomerys erhielt die britische Armee (Eastern Task Force) die prestigeträchtigere Aufgabe: die Inbesitznahme von Catania. Dagegen musste sich Pattons Western Task Force mit dem Schutz der linken britischen Flanke begnügen. Dennoch war »Monty« unzufrieden, weil ihm Patton nicht unterstellt wurde. Andernfalls wäre Alexanders Oberbefehl in Frage gestellt und das Verhältnis zwischen den Verbündeten weiter belastet worden.

Fast wäre »Husky« noch an fehlenden Landungsmitteln gescheitert, obwohl deren Produktion längst höchste Priorität besaß. Rechtzeitig waren sogar zwei Neuentwicklungen einsatzbereit: Panzerlandungsschiffe, die mehrere Fahrzeuge über eine Bugklappe oder Pontonbrücke am Strand absetzen konnten; daneben Amphibienfahrzeuge, die Nachschub von Frachtschiffen direkt in den Kampf an Land brachten. Dennoch ließ sich der große Bedarf an Landungsmitteln kaum decken, solange die alliierte Kriegführung insgesamt stark amphibisch geprägt war, sowohl beim Sturm auf die »Festung Europa« als auch beim »Inselspringen« im Pazifik.

Ihre Vorbereitung auf »Husky« rundeten die Alliierten mit einer ausgefeilten Strategie der Täuschung und Verwirrung des Gegners ab. Um dessen Aufmerksamkeit von Sizilien abzulenken, täuschten sie durch mehrere aufeinander abgestimmte Operationen Invasionsabsichten auf

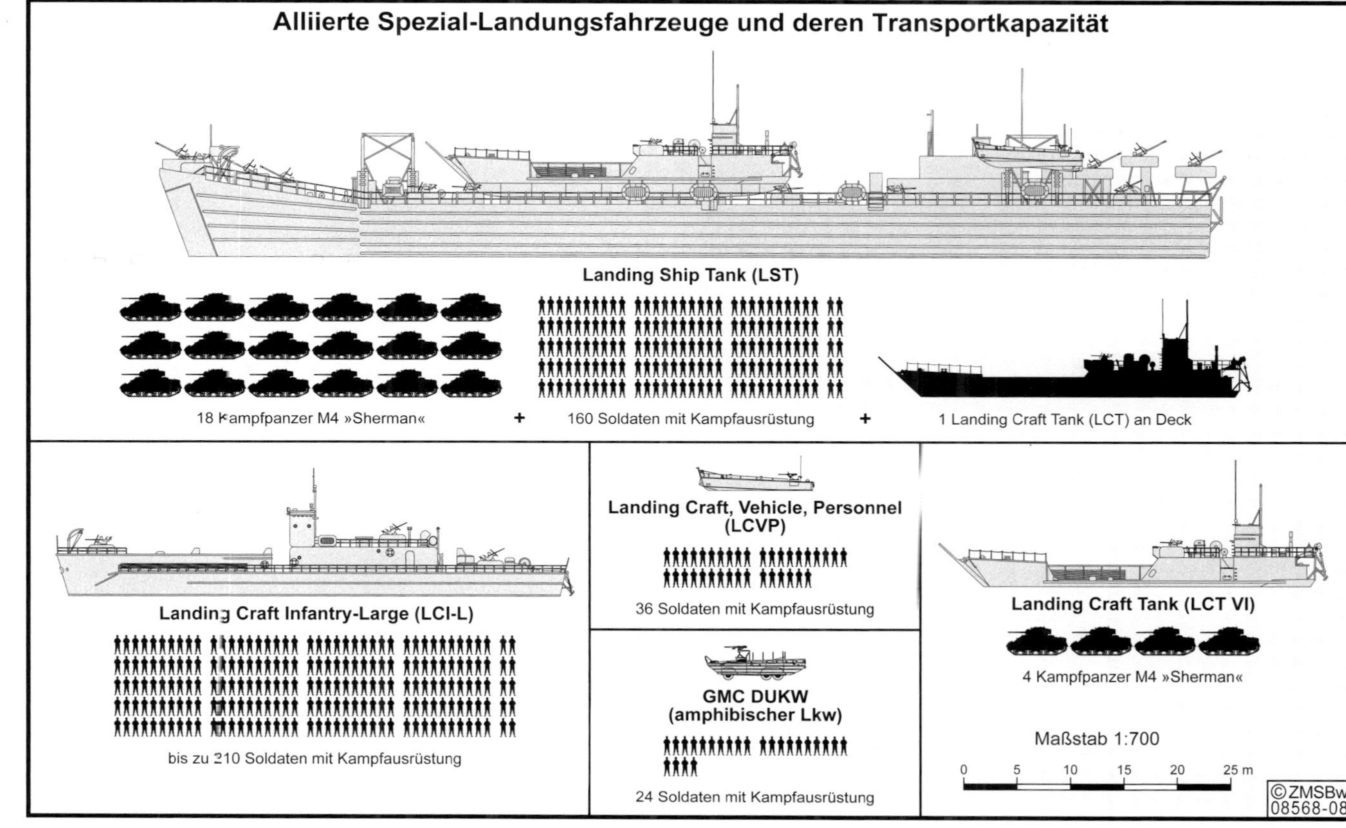
Alliierte Spezial-Landungsfahrzeuge und deren Transportkapazität
Landing Ship Tank (LST)
18 Kampfpanzer M4 »Sherman«
+
160 Soldaten mit Kampfausrüstung
+
1 Landing Craft Tank (LCT) an Deck
Landing Craft Infantry-Large (LCI-L)
bis zu 210 Soldaten mit Kampfausrüstung
Landing Craft, Vehicle, Personnel (LCVP)
36 Soldaten mit Kampfausrüstung
GMC DUKW (amphibischer Lkw)
24 Soldaten mit Kampfausrüstung
Landing Craft Tank (LCT VI)
4 Kampfpanzer M4 »Sherman«
Maßstab 1:700
0
5
10
15
20
25 m
©ZMSBw 08568-08

Operation »Mincemeat«

Operation »Mincemeat« (›Hackfleisch‹) gilt vielen noch heute als erfolgreichste Täuschungsoperation des Zweiten Weltkrieges. Mit ihr verschleierten die Alliierten ihr Vorhaben einer Landung auf Sizilien (Operation »Husky«) im Juli 1943. Ihre Anfänge liegen im Januar 1943, kurz nachdem sich die Alliierten in Casablanca zu »Husky« entschlossen hatten.

Die Operation wurde vom britischen Marinenachrichtendienst und vom britischen Inlandsgeheimdienst geplant und durchgeführt. Die Absicht war, dem deutschen Gegner falsche Informationen so zuzuspielen, dass dieser sie für glaubwürdig hielt. Also stattete man einen namenlosen Verstorbenen mit der falschen Identität eines britischen Majors in Eisenhowers Hauptquartier aus. Überdies stellte man Dokumente her, die den Anschein erweckten, als wollten die Alliierten demnächst in Griechenland oder auf Sardinien landen. Schließlich wurde ein tödlicher Flugzeugabsturz des ›Majors‹ fingiert: Am 30. April 1943 setzte ein britisches U-Boot den Leichnam und eine Aktentasche mit dem falschen Geheimmaterial nahe der spanischen Mittelmeerküste aus, wo er bald an Land gespült wurde.

Wie erwartet informierten die Spanier die Deutschen über ihren Fund. In Berlin wurden die Identität des toten ›Majors‹ sowie der Inhalt der Aktentasche gründlich geprüft und für echt befunden, – auch weil sich Hitler und das OKW durch die gefundenen Unterlagen in ihrer (falschen) Einschätzung der gegnerischen Absichten bestätigt sahen. »Mincemeat« bewirkte auf deutscher Seite also keinen Sinneswandel. Aus heutiger Sicht kommt ihr daher keine entscheidende Bedeutung für den Kriegsverlauf zu.

dem Balkan und in Griechenland, daneben auch in Südfrankreich und auf Sardinien vor. Eine besondere Bedeutung spielte dabei die Operation »Mincemeat«.

Auch dank ihrer Überlegenheit zur See und in der Luft gelang es den Alliierten, den Gegner über ihre Absichten im Dunkeln zu lassen. Selten drangen Aufklärungs- und Kampfflugzeuge der »Achse« zu den Häfen vor, wo die Alliierten Anfang Juli 1943 ihre Truppen zur Einschiffung versammelten. Daher vollzog sich der alliierte Aufmarsch weitgehend unbehelligt, mit Ausnahme der kanadischen 1. Infanteriedivision: Auf dem Seetransport aus Großbritannien kostete sie ein deutscher U-Boot-Angriff kurz vor dem Ziel über die Hälfte ihrer Fahrzeuge und den Großteil ihrer Artillerie.

3.2 In Erwartung der Invasion: Italiener und Deutsche auf Sizilien

Als die Alliierten am 11. Juni 1943 die Sizilien vorgelagerte Insel Pantelleria einnahmen (Operation »Corkscrew«, ›Korkenzieher‹), wurde dies in Rom als Vorbote einer Invasion auf Sizilien erkannt. In Berlin dagegen hielt man nach wie vor den Balkan für das eigentliche Ziel der Alliierten. Diese konnten von dort aus der deutschen Ostfront in den Rücken fallen, eine Verbindung zur Roten Armee herstellen und dabei auf die Hilfe der jugoslawischen und griechischen Partisanen hoffen. Daher verlegte die Wehrmacht zwei ihrer besten Divisionen auf den Balkan.

Zur Verstärkung nach Italien kamen mit der Zeit sechs Divisionen, eine Brigade und zwei Korpsstäbe, die das OKW im besetzten Westeuropa freimachte. Allerdings zögerte Hitler mit ihrem Einsatz auf Sizilien, denn er wollte keine Truppen für einen Kampf opfern, den er wegen der kriegsmüden Italiener für aussichtslos hielt. Folglich befanden sich am Vorabend von »Husky« zwar Zehntausende deutsche Soldaten auf Sizilien und Sardinien. An Kampftruppen aber gab es nur zwei Divisionen auf Sizilien und eine auf Sardinien, die zudem nicht voll einsatzbereit waren, da sie aus in Tunesien aufgeriebenen Divisionsresten erst neu aufgestellt wurden.

So gering das deutsche Potenzial auch war, es wog wegen der Schwäche der italienischen Armee umso schwerer. Deren beste Divisionen waren an der Ostfront und in Nordafrika zugrunde gegangen, ein weiterer Teil war auf dem Balkan und in Griechenland gebunden. Nur 20 reguläre Divisionen, darunter keine einzige gepanzerte, blieben für die Verteidigung des Mutterlandes übrig. Zusätzlich standen sogenannte Küstendivisionen zur Verfügung. Zahlenmäßig schwach, unbeweglich, schlecht bewaffnet und aus älteren Männern bestehend, besaßen sie wenig Kampfwert.

So war auch die italienische 6. Armee auf Sizilien lediglich auf dem Papier eine imposante Streitmacht von 250 000 Soldaten mit 100 – ver-

In Vorbereitung auf die alliierte Invasion: eine italienische Artilleriebatterie an der Küste Siziliens im Frühjahr 1943.

alteten – Panzern. Umso mehr war Oberbefehlshaber Alfredo Guzzoni auf die Schlagkraft seiner beiden deutschen Divisionen angewiesen, die ihn um 30 000 Soldaten und 149 moderne Kampfpanzer verstärkten. Insgesamt besaß er völlig unzulängliche Mittel zur Verteidigung einer 1100 Kilometer langen Küste, zumal gegen einen starken Feind, der als Angreifer Zeit und Ort der Landung bestimmen konnte.

Ihre größte Schwachstelle hatte die Verteidigung Siziliens aber nicht am Boden, sondern in der Luft. Die zahlenmäßig stark überlegene alliierte Luftwaffe brachte ihren Gegner über Süditalien und den umgebenden Seegebieten zunehmend in die Defensive. Zuletzt konnten sich nur noch wenige Jagdstaffeln der deutschen Luftflotte 2 und der dezimierten italienischen Luftwaffe auf Sizilien halten. Ohne ausreichenden Luftschirm waren schon vor Beginn von »Husky« alle Truppenbewegungen der Inselverteidiger sowie deren Versorgung auf dem See- und Luftweg vor allem am Tag schwer beeinträchtigt.

Wegen ihrer Luftüberlegenheit hatten die Alliierten auch zur See leichtes Spiel. Die italienische Kriegsmarine – im Kampf gegen die britische Mittelmeerflotte längst unterlegen – musste sich endgültig in norditalienische Häfen zurückziehen. Nur einige deutsche und italienische Untersee- und Schnellboote konnten, abgesehen von Flugzeugen, jetzt noch der alliierten Schifffahrt im Mittelmeer gefährlich werden. Unter diesen Bedingungen hatte die »Achse« alle Mühe, den lebenswichtigen Seetransport entlang der Küste und vom Festland zu den Mittelmeerinseln aufrechtzuerhalten.

Lange Zeit sperrte sich die italienische Seite gegen deutsche Vorschläge zur Verbesserung der Verteidigungsvorbereitungen. Erst in letzter Minute konnte Feldmarschall Kesselring in Guzzonis Hauptquartier ein

Der Oberbefehlshaber der italienischen 6. Armee auf Sizilien, Generale d'Armata Alfredo Guzzoni (1877–1965).

Verbindungskommando unter Generalleutnant Frido von Senger und Etterlin einrichten, einem guten Kenner der italienischen Verhältnisse. Letzterer sollte sicherstellen, dass die deutschen Truppen im deutschen Interesse eingesetzt würden. Gleichzeitig brachte Kesselring Guzzoni davon ab, seine Kräfte im Inselsüden zu massieren, weil er auch eine Landung im Inselwesten befürchtete. Dorthin wurde also der kampfstärkste Verband auf Sizilien verlegt, die deutsche 15. Panzergrenadierdivision. So blieben der 6. Armee im Süden zwar fast alle Kampfpanzer, aber nur noch die Hälfte ihrer Infanterie, um später den Hauptangriff abzuwehren. Viele Panzer, aber wenig Infanterie besaß auch die nun einzige deutsche Division dort, die Panzerdivision »Hermann Göring«, ein Sonderverband der Luftwaffe, der zudem noch im Aufbau war.

Im Interesse der Verteidigung Siziliens schöpfte die deutsche Seite ihre Personal- und Materialreserven auf der Insel voll aus: Die rückwärtigen Dienste des Heeres, das Bodenpersonal der Luftwaffe und die Flakartillerie wurden für die Gesamtverteidigung eingespannt. Befestigte Ortsstützpunkte entstanden, deren Kommandanten auf improvisierte Alarmeinheiten zurückgreifen konnten. Zudem wurden alle verfügbaren Fahrzeuge genutzt, um weitere Kampftruppen mobil zu machen. Besonderes Augenmerk galt dem Nachschub über die Straße von Messina, die wenige Kilometer breite Meerenge zwischen Sizilien und italienischem Festland. Die Zusammenfassung aller deutschen Fährkapazitäten steigerte den Umschlag um mehr als das Zehnfache und beschleunigte die personelle wie materielle Ergänzung der deutschen Truppen auf der Insel.

3.3 D-Day für »Husky« und der Feldzug in Sizilien

Als sich die Intensität der alliierten Luftangriffe immer mehr steigerte, wuchs wenigstens auf Sizilien die Gewissheit, dass der alliierte Sturm auf die »Festung Europa« kurz bevorstand. Am frühen Abend des 9. Juli 1943 meldeten Aufklärer der Luftwaffe einen großen Flottenverband nördlich von Malta mit Kurs auf Sizilien. Bald darauf erwartete Guzzoni für den nächsten Morgen Angriffe gegen Catania und Gela.

Zunächst aber überraschte der Gegner in der Nacht auf den 10. Juli mit einer Luftlandung. Die etwa 5000 amerikanischen und britischen

Ein US-Kampfpanzer vom Typ M4 »Sherman« fährt nach der Entladung aus einem Landing Ship Tank (LST) über einen Pontonsteg (pontoon causeway) auf den Strand im Golf von Gela, 10. Juli 1943.

Fallschirmjäger sollten Schlüsselpunkte in der Küstenzone für die Hauptmacht sichern. Starker Wind sowie fehlende Vorbereitung ließen das Unternehmen dann zum großen Teil fehlschlagen. Viele Transportflugzeuge erreichten ihr Ziel erst gar nicht; zahlreiche Fallschirmjäger ertranken, weil ihre vom Wind abgetriebenen Lastengleiter vor der Küste ins Meer stürzten oder abgeschossen wurden; andere nahm die italienische Küstenverteidigung gefangen. Nur Reste sammelten sich und stifteten Verwirrung unter den Verteidigern.

Abgesehen davon entfaltete sich am 10. Juli frühmorgens die größte amphibische Landungsoperation in der Geschichte recht planmäßig. Vor der Süd- und Südostküste Siziliens stieg ein Teil der Truppen im sicheren Abstand zum Ufer aus Transportschiffen in kleinere Landungsmittel um; andere hatten in solchen bereits die Überfahrt von Nordafrika aus angetreten. Danach brachten Hunderte Landungsschiffe und -boote sowie die neuen Amphibienfahrzeuge im Pendelverkehr 115 000 britische und kanadische sowie 66 000 US-Soldaten mit 14 000 Fahrzeugen, 600 Panzern und 1800 Geschützen an Land. Nachdem sie lange Zeit bei starkem Seegang an Bord eingepfercht gewesen waren, empfanden es viele Soldaten als Erlösung, wieder festen Boden zu betreten, obwohl es jetzt ernst für sie wurde.

Zur Unterstützung kreuzte eine alliierte Armada von zwei Flugzeugträgern, sechs Schlachtschiffen, 15 Kreuzern und Dutzenden kleinerer Schiffe in den Gewässern um Sizilien. Ein kleinerer Teil gab direkten Feuerschutz und beschoss die italienischen Stellungen in den Landungszonen; der befürchtete Gegenangriff der italienischen Marine blieb hingegen aus. Gleichzeitig griffen Bomber Ziele an der Küste und im Hinterland an, während sich Schwärme von Jagdflugzeugen in Wellen abwechselten, um Flotte und Landungszonen pausenlos gegen Luftangriffe abzuschirmen. Fast 4000 alliierte Kampfflugzeuge kamen von Basen in Malta, Gozo, Pantelleria und Nordafrika zum Einsatz. Nur wenigen Flugzeugen der »Achse« gelang es, den dichten Abwehrschirm zu durchdringen und einige Schiffe und Boote aus der Landungsflotte zu versenken.

Schiffsartillerie verhilft alliierten Seelandungen zum Erfolg: Das britische Schlachtschiff »HMS Warspite« bekämpft mit seinen acht Hauptgeschützen vom Kaliber 38,1 cm Ziele in der Küstenzone an der Straße von Messina und bei Salerno, hier allerdings in einer Aufnahme vom Juni 1944 während der Operation »Overlord«.

Nicht weniger effektiv war die alliierte Schiffsartillerie. Sie brachte die italienische Küstenartillerie bald zum Schweigen und ebnete den Weg für die Landungstruppen. Vornweg Spezialeinheiten wie amerikanische »Rangers« und britische »Commandos«, fasste die Infanterie problemlos am Ufer Fuß. Die italienischen Küstenverteidiger waren nicht nur an Zahl klar unterlegen, sondern meist wenig kampfwillig und folglich schnell ausgeschaltet.

Das überraschte General Guzzoni nicht. Er hatte ohnehin auf die regulären Divisionen und wenigen mobilen Einheiten seiner Armee gesetzt. Aus dem höhergelegenen Hinterland sollten sie den Feind im Gegenangriff ins Meer zurückwerfen. Dieser Plan ging jedoch nicht auf, weil die Nachrichtenverbindungen seiner Armee unter den alliierten Luftangriffen zusammenbrachen. So erhielt Guzzoni kein vollständiges Lagebild, um Gegenangriffe zu koordinieren. Aus eigener Initiative und zu spät griffen am 10. Juli italienische Verbände sowie die Division »Hermann Göring« die Mitte der 7. US-Armee bei Gela an, die man für gefährlicher hielt. Doch brachte vor allem die Schiffsartillerie die angreifenden Panzer – darunter einige deutsche »Tiger« – zum Stehen. Am Abend konnte Patton zufrieden sein; mit unerwartet geringen Verlusten hatte seine Armee stabile Brückenköpfe gebildet.

Kaum auf Widerstand stieß die britische 8. Armee bei der Landung an der Südostspitze Siziliens und im Golf von Noto. Vom Gegner nicht ernstlich gehindert, marschierte sie anschließend nach Norden. Noch am Abend des 10. Juli nahm sie Syrakus praktisch kampflos ein. Den weiteren Weg nach Catania schien nur noch die Hafenfestung von Augusta zu blockieren, die mit Syrakus einen großen Festungsbereich bildete.

Bereits am 11. Juli fiel auf Sizilien eine Vorentscheidung. Guzzoni warf seine mobilen Reserven, die 15. Panzergrenadierdivision sowie die »Hermann Göring«, in die Schlacht. Doch konnten sie weder den Ausbruch der 3. US-Infanteriedivision aus dem Brückenkopf bei Licata verhindern noch jenen der 1. und 45. US-Infanteriedivision bei Gela unterbinden. Das lag auch am Feuer der alliierten Schiffsartillerie; zum anderen warf Patton nun seine »Floating Reserve« mit den »Shermans« der 2. Panzerdivision in die Schlacht. Daraufhin zog Guzzoni alle mobilen Divisionen ins Bergland zurück. Derweil fiel den Briten am 12./13. Juli Augusta fast kampflos in die Hände. Die Deutschen beschuldigten daraufhin den italienischen Kommandanten des Verrats und der Feigheit.

Ein schwerer Kampfpanzer vom Typ VI »Tiger« der 2. Kompanie der Schweren Panzer-Abteilung 504 – einzige deutsche »Tiger«-Einheit auf Sizilien – im Einsatz in einer Stadt im Insel-Süden, Juli 1943.

Tatsächlich hatte er Mut gezeigt, seine Soldaten aber nicht bei der Fahne halten können. Ganze Einheiten waren ohne Feindkontakt desertiert.

Mit dem Fall von Augusta wurde die Lage für die Achsenstreitkräfte kritisch. Der britische Angriff entlang der Ostküste drohte sie vom Festland abzuschneiden, wenn er nicht bald gestoppt wurde. Das aber war von der italienischen Armee nicht mehr zu erwarten. Mit wenigen Ausnahmen zeigte sie kaum Kampfwillen, sondern vielmehr Auflösungserscheinungen; auch durfte sie keine Verstärkung vom Festland erwarten. Folglich kam es auf die deutsche Bereitschaft an, die Insel zu verteidigen. Diese Frage wurde nicht mehr auf Sizilien oder in Rom entschieden, sondern im »Führerhauptquartier«.

Erst in letzter Minute – die alliierte Landungsflotte war bereits im Anmarsch gemeldet – hatte sich Hitler doch noch entschlossen, massiv auf Sizilien einzugreifen, weil ihm Italien strategisch zu bedeutsam erschien. Am 9. Juli erhielt die 1. Fallschirmjägerdivision in Südfrankreich

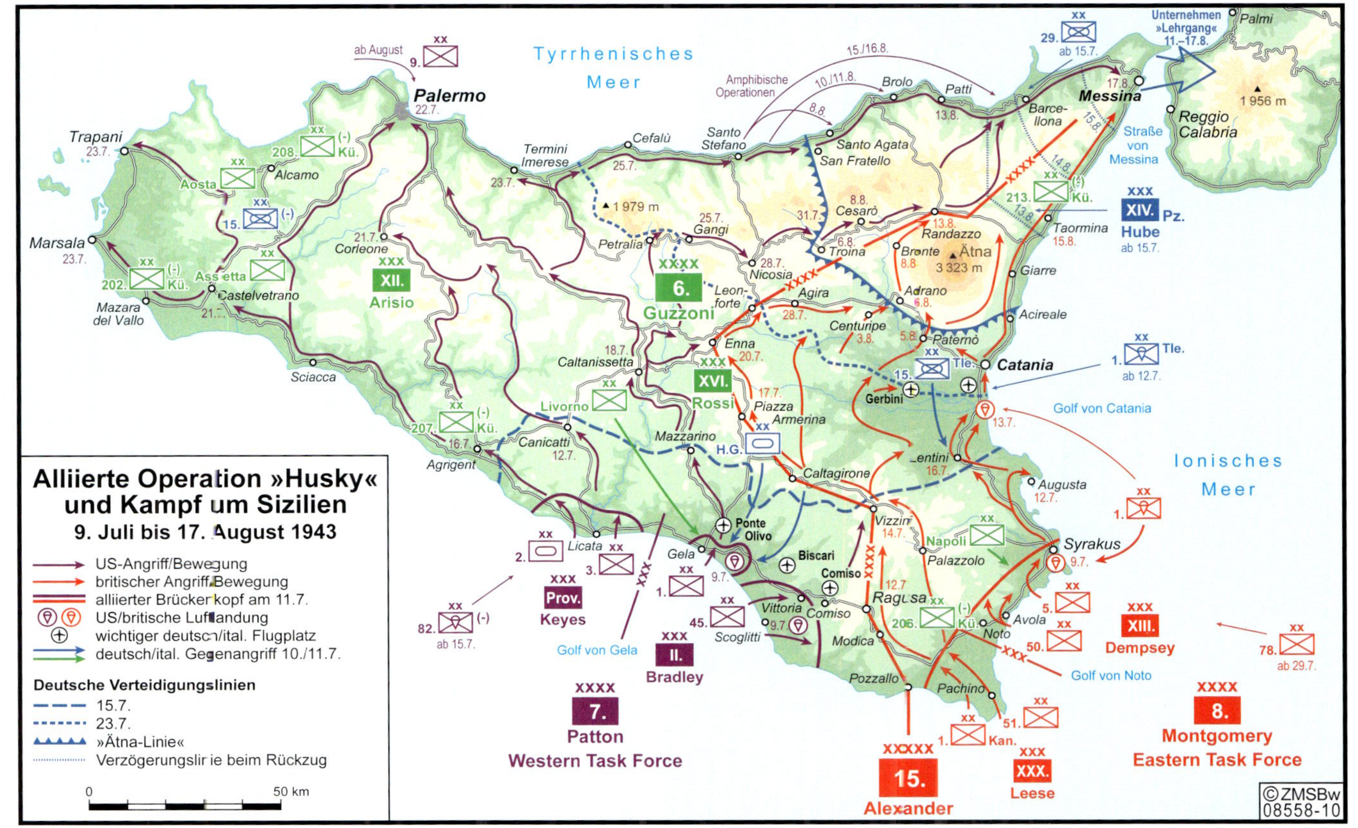
Alliierte Operation »Husky«
und Kampf um Sizilien
9. Juli bis 17. August 1943
US-Angriff/Bewegung
britischer Angriff/Bewegung
alliierter Brückenkopf am 11.7.
US/britische Luftlandung
wichtiger deutsch/ital. Flugplatz
deutsch/ital. Gegenangriff 10./11.7.
Deutsche Verteidigungslinien
15.7.
23.7.
»Ätna-Linie«
Verzögerungslinie beim Rückzug
0
50 km
Tyrrhenisches Meer
Ionisches Meer
Golf von Catania
Golf von Gela
Golf von Noto
Straße von Messina
Amphibische Operationen
Unternehmen »Lehrgang« 11.–17.8.
Palermo
Trapani
Marsala
Mazara del Vallo
Castelvetrano
Alcamo
Corleone
Sciacca
Agrigent
Termini Imerese
Cefalù
Santo Stefano
Santo Agata
San Fratello
Brolo
Patti
Barcellona
Messina
Reggio Calabria
Palmi
Taormina
Giarre
Acireale
Catania
Paternò
Adrano
Bronte
Randazzo
Cesarò
Troina
Nicosia
Gangi
Petralia
Leonforte
Agira
Centuripe
Enna
Caltanissetta
Canicattì
Mazzarino
Piazza Armerina
Caltagirone
Gerbini
Lentini
Augusta
Syrakus
Avola
Noto
Palazzolo
Vizzini
Ragusa
Modica
Comiso
Vittoria
Biscari
Ponte Olivo
Gela
Licata
Scoglitti
Pozzallo
Pachino
Ätna 3 323 m
1 979 m
1 956 m
7. Patton Western Task Force
II. Bradley
Prov. Keyes
15. Alexander
8. Montgomery Eastern Task Force
XIII. Dempsey
XXX. Leese
6. Guzzoni
XII. Arisio
XVI. Rossi
XIV. Pz. Hube ab 15.7.
H.G.
Livorno
Napoli
Aosta
Assietta
ab August
ab 15.7.
ab 12.7.
ab 29.7.
©ZMSBw 08558-10

den Befehl, sich für den Lufttransport nach Sizilien bereitzuhalten. Und das XIV. Panzerkorps unter General Hube wurde mit seinen drei Divisionen aus Mittelitalien nach Süditalien vorgeschoben, um es entweder gegen eine alliierte Landung in Kalabrien oder Apulien, oder aber zur Verstärkung für Sizilien einzusetzen. Am 11. Juli befahl Hitler dann die Verlegung der Fallschirmjäger und einer von Hubes Divisionen nach Sizilien. Letzterer sollte mit seinem Stab folgen, falls die Deutschen dort unter eigener Führung zusammengefasst werden mussten. Mit den zusätzlichen Kräften ließ sich ein überstürzter Rückzug, wenn nicht gar der Untergang der deutsch-italienischen Armee vermeiden.

Gerade noch rechtzeitig trafen die Fallschirmjäger ein und verhinderten den britischen Durchbruch an der Ostküste, der den Kampf um die Insel vorzeitig entschieden hätte. Geschickt verzögerten sie den weiteren britischen Vormarsch, sodass Montgomery die Hoffnung aufgeben musste, Catania im ersten Ansturm zu erobern. Er bekam nun die Quittung für sein Abweichen vom befohlenen Operationsplan. Vom Anfangserfolg verführt, hatte er den Durchbruch bei Catania dem rechten Flügel seiner Armee überlassen und dem linken einen neuen Auftrag gegeben: Er sollte weit ausholen, um westlich und nördlich des Ätna auf Messina vorzustoßen. »Montys« Eigenmächtigkeit hatte weitreichende Folgen für »Husky«. Sie überdehnte die britische Front und trug dazu bei, dass der Hauptangriff vor Catania ›verhungerte‹. Überdies drängte der neue britische Kurs den amerikanischen Nachbarn vom befohlenen Weg ab.

Operation »Husky« geriet völlig aus den Fugen, als nun auch Patton eigene Wege ging. Er sah die Chance zum Vorstoß auf Palermo und in den Inselwesten, aus dem sich der Gegner zurückzog. Anders als Montgomery holte er dafür bei Alexander die Genehmigung ein. Fünf Tage später hatten die Amerikaner ihr Ziel erreicht; Palermo kapitulierte praktisch kampflos. Ihr freundlicher Empfang durch die Bevölkerung zeigte, wie wenig Rückhalt das Mussolini-Regime noch besaß. Dank einer beachtlichen Marsch- und Logistikleistung hatte die 7. US-Armee Zehntausende italienischer Soldaten gefangengenommen. Verglichen mit den Kämpfen der Briten an der Ostküste und in der Inselmitte lag jedoch kaum mehr als ein gefährlicher Spaziergang hinter ihr.

Früh erkannten die Verantwortlichen der »Achse« auf Sizilien, dass ihre Lage hoffnungslos war. Davon überzeugten Guzzoni und Senger bereits am 12. Juli den eigens eingeflogenen Kesselring. Als neue Strategie wurde vereinbart, möglichst viele Truppen in den Nordosten zu retten, um sie über die Straße von Messina auf das nahe Festland zu evakuieren. Aber erst Pattons ›Kurswechsel‹ machte diesen Plan möglich. Ohne ihn wären Deutsche und Italiener im Westen der Insel von der 7. US-Armee abgeschnitten und aufgerieben worden.

Da General Guzzoni schon Mitte Juli über keine größeren italienischen Verbände mehr verfügte, wurde für den Erfolg des Plans entscheidend, dass die deutsche Seite das Heft in die Hand nahm. Am 15. Juli traf General Hube mit dem Stab des XIV. Panzerkorps ein, während gleichzeitig seine 29. Panzergrenadierdivision auf die Insel übersetzte. Zwei

Selten einig über die Operationsführung: die Armeebefehlshaber General Bernard L. Montgomery (1887–1976; links) und Lieutenant General George S. Patton (1885–1945; 2. von rechts) im August 1943 auf Sizilien; daneben Major General Walter B. Smith (1895–1961; 2. von links), Stabschef von Eisenhower, sowie General Harold Alexander (rechts), Oberbefehlshaber der alliierten 15. Heeresgruppe.

Tage später übernahm er die Führung aller deutschen Truppen und damit faktisch den Oberbefehl in Sizilien. Guzzoni gab diesen formal erst am 1. August auf Weisung aus Rom ab. Der Ablösungsprozess verlief an der Spitze problemloser als in der Truppe. Als deutsche Einheiten die Fahrzeuge abziehender Italiener requirieren wollten, floss sogar Blut, weil letztere sich dagegen wehrten.

Britische Infanterie erkämpft sich ihren Weg durch die Innenstadt von Catania – im Hintergrund die Kathedrale Sant'Agata, 5. August 1943.

Geschickt koordinierte Hube den Rückzug vor der großen alliierten Übermacht. Vom gebirgigen Gelände begünstigt konnten seine drei Divisionen, verstärkt durch zwei Fallschirmjägerregimenter sowie einige kampfwillige italienische Einheiten, den Gegner wiederholt in zeitraubende, verlustreiche Kämpfe im westlichen und südlichen Vorfeld sowie am Fuß des Ätna (»Ätna-Linie«) verwickeln. In der blutigen Schlacht

um Troina hielt die 15. Panzergrenadierdivision eine Woche lang zwei US-Divisionen stand, die massiv aus der Luft unterstützt wurden. Als sie am 6. August dennoch weichen musste, hatte sie 1600 Tote zu beklagen und war auf Regimentsstärke geschrumpft.

Auch an der Nordküste Siziliens machten unwegsames Gelände und hartnäckige Verteidiger dem Angreifer das Vorankommen schwer. Rechtzeitig konnte sich dort die 29. Panzergrenadierdivision der Umfassung durch kleinere amphibische Landungen der Amerikaner entziehen und kam somit Messina immer näher. Südlich des Ätna hielten die Division »Hermann Göring«, Fallschirmjäger sowie italienische Einheiten der britischen Armee stand, bis diese, verstärkt um eine neue Division, Anfang August ihre Offensive wiederaufnahm. In der Folge ging der »Achse« am 5. August Catania und bald darauf die ganze Südseite des Ätna verloren.

Vor dem starken Feinddruck wich das XIV. Panzerkorps bis zum 11. August überall auf neue Stellungen nördlich des Ätna aus. Gleichzeitig lief das »Unternehmen Lehrgang« an, die Evakuierung der verbliebenen Truppen auf das Festland. Dabei machte sich Hube den Zuschnitt der Nordostspitze Siziliens zunutze: Mit fortschreitendem Rückzug ließ sich die Front immer weiter verkürzen, wodurch nach und nach Truppenteile für die Evakuierung freiwurden.

Getrennt voneinander bauten Deutsche und Italiener den Fährbetrieb über die Meerenge auf. Zur zentralen Gestalt wurde der »Deutsche Kommandant Messina-Straße«, Oberst Ernst-Günther Baade. Er, der bereits seit Mitte Juli für den Nachschub über die Meerenge verantwortlich war, musste jetzt den Fährbetrieb noch besser vor Angriffen aus der Luft und von See schützen. Dafür wurde ihm alle verfügbare Artillerie unterstellt, die man an der Meerenge zusammengezogen hatte: insgesamt 500 Geschütze aller Kaliber, davon zwei Drittel zur Flugabwehr. Auf deutscher Seite sorgte Fregattenkapitän Gustav Freiherr von Liebenstein dafür, dass fast 100 Seefahrzeuge – vom schnellen Pionier-Sturmboot für wenige Soldaten bis zur langsamen Marinefähre für 450 Personen oder zehn Lkw – ihre Fährleistung aufs Äußerste steigerten. Bald wickelte man den Fährbetrieb vorwiegend am Tag ab, um den nächtlichen alliierten Luftangriffen zu entgehen. Massives Flakfeuer und sogar bewegliche Sperrballone schirmten ihn wirksam ab, sodass nur wenige alliierte Luftangriffe Erfolg hatten. Bald sprach man deshalb von der »Flak-Glocke von Messina«.

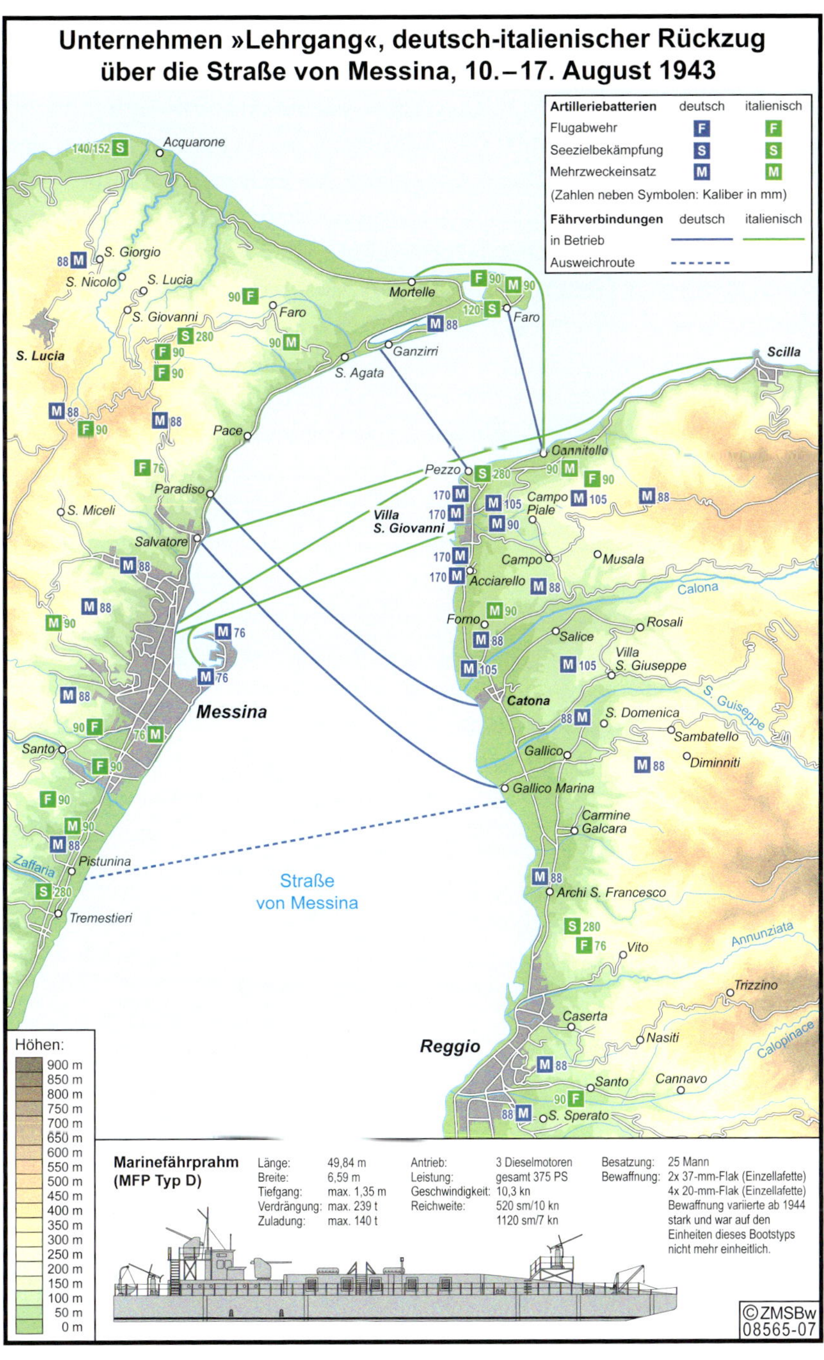
Unternehmen »Lehrgang«, deutsch-italienischer Rückzug
über die Straße von Messina, 10.–17. August 1943
Artilleriebatterien deutsch italienisch
Flugabwehr F
Seezielbekämpfung S
Mehrzweckeinsatz M
(Zahlen neben Symbolen: Kaliber in mm)
Fährverbindungen deutsch italienisch
in Betrieb
Ausweichroute
Acquarone
S. Giorgio
S. Nicolo
S. Lucia
S. Giovanni
Faro
Mortelle
Ganzirri
S. Agata
Pace
Paradiso
Salvatore
S. Miceli
Messina
Santo
Pistunina
Zaffaria
Tremestieri
Straße
von Messina
Scilla
Cannitello
Pezzo
Villa
S. Giovanni
Campo
Piale
Musala
Acciarello
Calona
Forno
Salice
Rosali
Villa
S. Giuseppe
Catona
S. Domenica
S. Guiseppe
Sambatello
Gallico
Diminniti
Gallico Marina
Carmine
Galcara
Archi S. Francesco
Vito
Annunziata
Trizzino
Caserta
Nasiti
Calopinace
Reggio
Santo
Cannavo
S. Sperato
Höhen:
900 m
850 m
800 m
750 m
700 m
650 m
600 m
550 m
500 m
450 m
400 m
350 m
300 m
250 m
200 m
150 m
100 m
50 m
0 m
Marinefährprahm
(MFP Typ D)
Länge: 49,84 m
Breite: 6,59 m
Tiefgang: max. 1,35 m
Verdrängung: max. 239 t
Zuladung: max. 140 t
Antrieb: 3 Dieselmotoren
Leistung: gesamt 375 PS
Geschwindigkeit: 10,3 kn
Reichweite: 520 sm/10 kn
1120 sm/7 kn
Besatzung: 25 Mann
Bewaffnung: 2x 37-mm-Flak (Einzellafette)
4x 20-mm-Flak (Einzellafette)
Bewaffnung variierte ab 1944
stark und war auf den
Einheiten dieses Bootstyps
nicht mehr einheitlich.
©ZMSBw
08565-07

So konnte die Wehrmacht im »Unternehmen Lehrgang« fast ihr gesamtes Personal und Material aufs Festland retten: 50 000–60 000 Soldaten, 14 000 Fahrzeuge, 51 Panzer, 163 Geschütze, 2000 Tonnen Munition und Treibstoff sowie 20 000 Tonnen andere Versorgungsgüter und Ausrüstung. Auch den Italienern gelang die Evakuierung ihrer restlichen Truppen: über 70 000 Soldaten mit 200 Fahrzeugen, 100 Geschützen sowie 1000 Tonnen Treibstoff und Munition. Als einer der letzten Deutschen setzte General Hube am 17. August frühmorgens unweit von Messina nach Kalabrien über, als die Amerikaner bereits vor den Toren der Stadt standen.

Die »Achse« feierte die gelungene Evakuierung wie einen Erfolg, obwohl der Verlust Siziliens eine Niederlage bedeutete. Selbst Hitler fand sich damit ab und sprach Kesselring seine »höchste Anerkennung« aus. Für die Alliierten endete »Husky« mit einem glanzlosen Sieg. Das lag

Hohe Verluste auf beiden Seiten: Ein US-Sanitäter leistet in einem sizilianischen Dorf einem verwundeten Kameraden Erste Hilfe, 9. August 1943.

nicht wenig an der Rivalität zwischen Patton und Montgomery. Ihr persönlicher Ehrgeiz ließ den alliierten Feldzug zuletzt in einen Wettlauf nach Messina ausarten. Am Ende triumphierte Patton fast mehr über den Verbündeten als den Gegner. Seine Truppen mussten am 16. August vor Messina auf ihn warten, damit er am nächsten Tag an ihrer Spitze in die Stadt einziehen konnte.

Das Oberkommando der 15. Heeresgruppe unter General Alexander war unfähig, in dieser Lage eine einheitliche Führung durchsetzen. Auch mangelte es an Abstimmung mit der Luftwaffe und Marine. Beiden gelang es nicht, ihre jeweils große Überlegenheit auszuspielen. Letztlich fehlte den Alliierten bei »Husky« ein eigenes Oberkommando für alle Teilstreitkräfte. Spät legte Montgomery am 7. August seinen Finger in diese Wunde: Die Alliierten hätten keinen Plan, um die Evakuierung des Gegners zu verhindern.

Nach 38 Tagen des Kampfes um Sizilien beklagten beide Seiten etwa gleichhohe Verluste: 20 000 Gefallene, Verwundete, Vermisste und Gefangene. Bezogen auf die jeweilige Gesamtstärke ergibt sich ein anderes Bild, gerade hinsichtlich der Gefallenen. Demnach war jeder zehnte deutsche Soldat, aber nur einer von hundert Alliierten im Kampf umgekommen. Die absolut höchsten Verluste hatten die Italiener, nämlich über 150 000 Soldaten, also fast zwei Drittel der 6. Armee. Ihr größter Teil befand sich nun in Gefangenschaft, ein kleinerer Teil wurde vermisst bzw. war desertiert, nur ein bis zwei Prozent der italienischen Soldaten waren im Kampf gefallen.

Zögernd setzte sich bei den Alliierten die Erkenntnis durch, dass die Masse der Deutschen und ein Großteil der Italiener entkommen waren und man daher nur einen halben Sieg errungen hatte. Eisenhower gab am 14. August zu, der eigene Operationsplan sei übervorsichtig gewesen. Die Alliierten wären besser auf beiden Seiten der Messina-Straße gelandet. Auf diese Weise hätte man den Gegner stellen, ihn vollständig besiegen und günstige Voraussetzungen für die Invasion auf dem Festland schaffen können.

Auf deutscher Seite gab man sich einem Selbstbetrug hin. Der gelungene Rückzug in großer personeller und materieller Unterlegenheit konnte den Eindruck erwecken, dem Gegner eigentlich überlegen zu sein. Das gab der Hoffnung auf eine Kriegswende und dem Glauben an den »Endsieg« neue Nahrung. Die Realität sah anders aus: Sizilien war verloren, die alliierte Invasion auf dem italienischen Festland stand bevor. Auch schien für die Alliierten eine strategische Rechnung aufzugehen: Gerade erst waren Mussolini und sein Regime gestürzt worden; der Südpfeiler des deutschen Machtbereichs wankte.

↗ **Unmittelbar nach dem ersten schweren alliierten Luftangriff auf Rom: Papst Pius XII. (1876–1958) spricht zur schockierten Bevölkerung und versucht sie zu beruhigen, 19. August 1943.**

4 Politischer Machtwechsel in Italien: Juli bis September 1943

4.1 Mussolinis Sturz und die deutsche Reaktion

Im Frühjahr 1943 mehrten sich die Anzeichen, dass die Herrschaft Mussolinis zu Ende ging. Mit dem schnellen Erfolg von »Husky« spitzen sich die Ereignisse in Rom dramatisch zu. Am 19. Juli 1943 entschied sich das politische Schicksal des *Duce*: Beim letzten Treffen mit Hitler in Italien zeigte er sich nachgiebig und bündnistreu. Damit enttäuschte er die eigene Partei- und Armeeführung, hatten doch viele auf ein selbstbewusstes Auftreten ihres *Duce* gehofft, das dem Friedenswunsch der Italiener Rechnung trug. Noch am selben Tag erlebte Rom den ersten

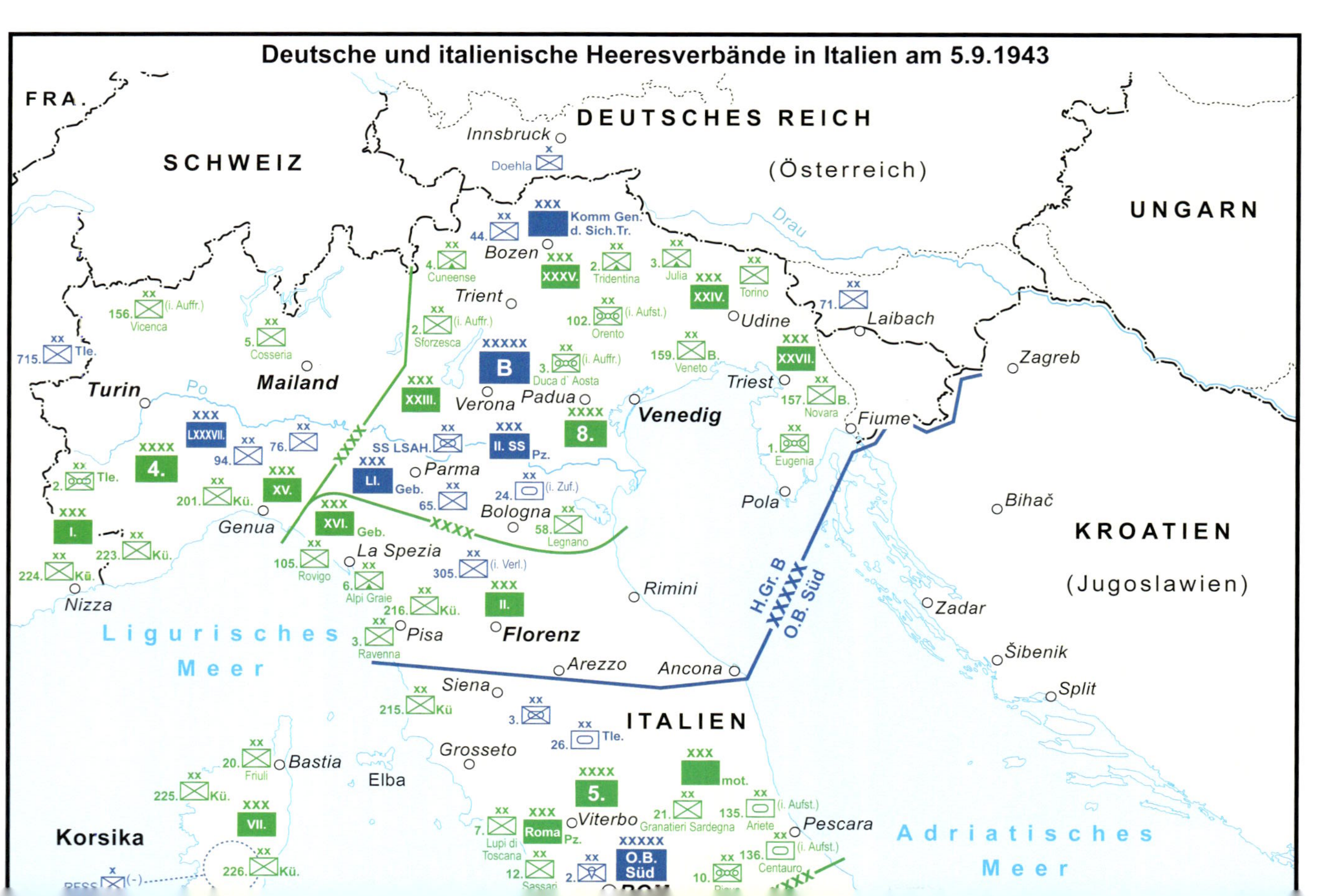
Deutsche und italienische Heeresverbände in Italien am 5.9.1943
FRA.
SCHWEIZ
DEUTSCHES REICH
(Österreich)
UNGARN
KROATIEN
(Jugoslawien)
ITALIEN
Korsika
Elba
Ligurisches Meer
Adriatisches Meer
Innsbruck
Bozen
Trient
Udine
Laibach
Zagreb
Turin
Mailand
Verona
Padua
Venedig
Triest
Fiume
Pola
Bihač
Zadar
Šibenik
Split
Genua
Nizza
Parma
Bologna
La Spezia
Pisa
Florenz
Rimini
Ancona
Arezzo
Siena
Grosseto
Bastia
Viterbo
Pescara
Po
Drau
Doehla
44.
Komm Gen. d. Sich.Tr.
4. Cuneense
XXXV.
2. Tridentina
3. Julia
Torino
XXIV.
71.
156. (i. Auffr.) Vicenca
5. Cosseria
2. (i. Auffr.) Sforzesca
102. (i. Aufst.) Orento
715. Tle.
B
3. (i. Auffr.) Duca d' Aosta
159. B. Veneto
XXVII.
157. B. Novara
XXIII.
LXXXVII.
76.
94.
4.
SS LSAH.
II. SS Pz.
8.
1. Eugenia
2. Tle.
201. Kü.
XV.
LI. Geb.
65.
24. (i. Zuf.)
I.
XVI. Geb.
58. Legnano
223. Kü.
224. Kü.
105. Rovigo
6. Alpi Graie
305. (i. Verl.)
II.
216. Kü.
3. Ravenna
H.Gr. B
O.B. Süd
215. Kü
3.
26. Tle.
20. Friuli
225. Kü.
VII.
5.
mot.
21. Granatieri Sardegna
135. (i. Aufst.) Ariete
7. Lupi di Toscana
Roma Pz.
O.B. Süd
12.
2.
10.
136. (i. Aufst.) Centauro
226. Kü.

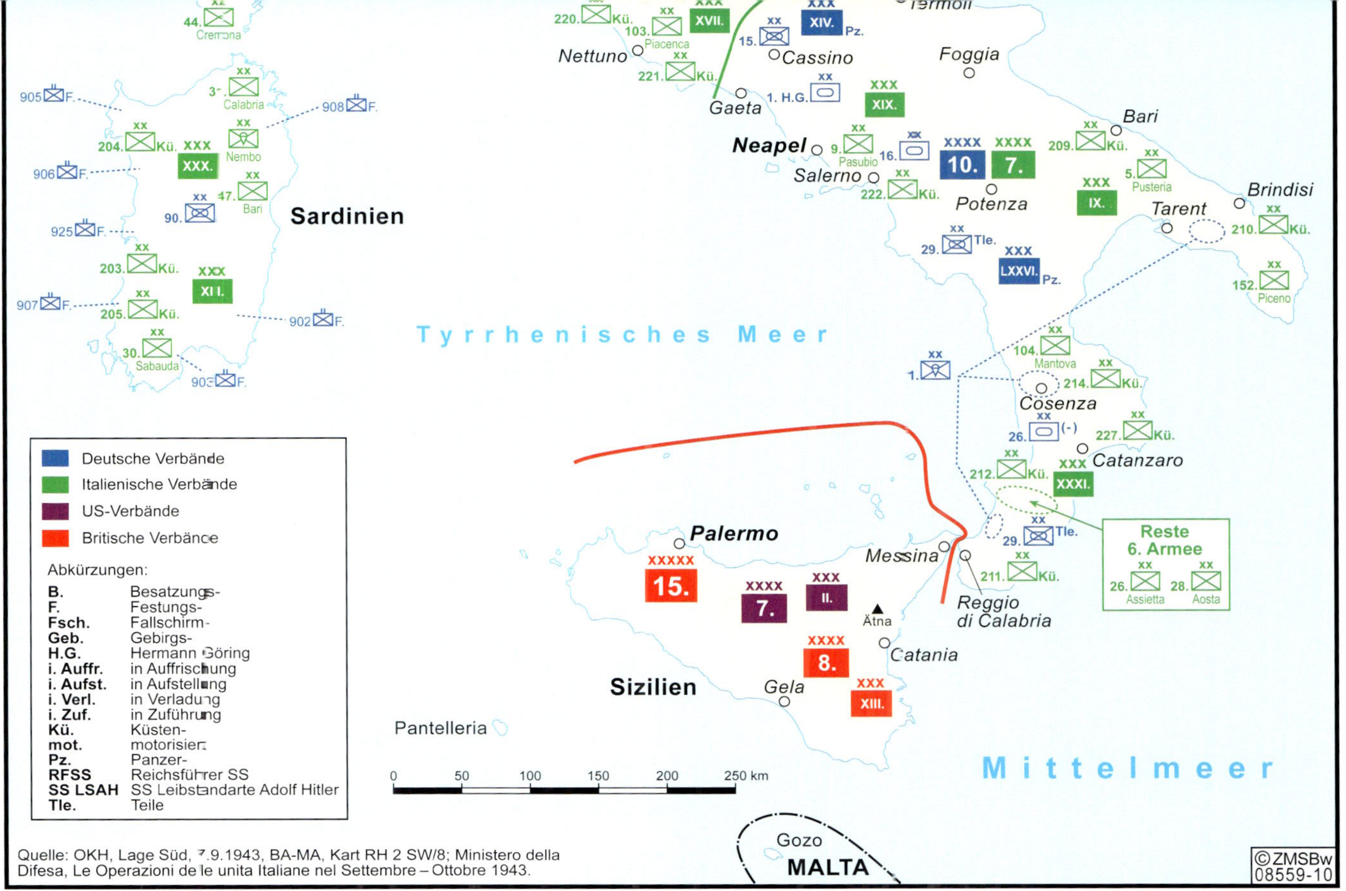

Sardinien
Tyrrhenisches Meer
Mittelmeer
Sizilien
Pantelleria
Gozo
MALTA
Nettuno
Cassino
Foggia
Gaeta
Neapel
Salerno
Potenza
Bari
Brindisi
Tarent
Cosenza
Catanzaro
Palermo
Messina
Reggio di Calabria
Ätna
Catania
Gela
Reste 6. Armee
26. Assietta
28. Aosta
Deutsche Verbände
Italienische Verbände
US-Verbände
Britische Verbände
Abkürzungen:
B. Besatzungs-
F. Festungs-
Fsch. Fallschirm-
Geb. Gebirgs-
H.G. Hermann Göring
i. Auffr. in Auffrischung
i. Aufst. in Aufstellung
i. Verl. in Verladung
i. Zuf. in Zuführung
Kü. Küsten-
mot. motorisiert
Pz. Panzer-
RFSS Reichsführer SS
SS LSAH SS Leibstandarte Adolf Hitler
Tle. Teile
0 50 100 150 200 250 km
Quelle: OKH, Lage Süd, 7.9.1943, BA-MA, Kart RH 2 SW/8; Ministero della Difesa, Le Operazioni delle unita Italiane nel Settembre – Ottobre 1943.
©ZMSBw 08559-10

schweren alliierten Luftangriff, der 2000 Todesopfer forderte. Die Einwohner waren geschockt, weil sie sich in der »Heiligen Stadt« sicher geglaubt hatten.

Nun half Mussolini alles Taktieren nichts mehr. Am 25. Juli wurde er durch seine ranghöchsten Parteigenossen entmachtet. Ihr Versuch, in letzter Minute das faschistische Regime und die eigene Haut zu retten, kam jedoch zu spät. König Victor Emmanuel III., einst von Mussolini kaltgestellt, ließ diesen nun verhaften, übernahm wieder den militärischen Oberbefehl und beauftragte Maresciallo d'Italia Pietro Badoglio mit der Regierungsbildung. Verboten und dem Volkszorn ausgesetzt, zerfiel die faschistische Partei in kurzer Zeit.

Die neue italienische Regierung musste vor den Deutschen auf der Hut sein, die durch den Sturz Mussolinis alarmiert waren. Angesichts der wachsenden deutschen Militärpräsenz in Italien beteuerte Badoglio seine Bündnistreue gegenüber Berlin. Insgeheim aber verhandelte er ab Mitte August mit den Alliierten wegen eines Waffenstillstands, auf den sich beide Seiten am 3. September einigten. Sein Inkrafttreten, mit dem praktisch die Kapitulation der italienischen Streitkräfte verbunden war, machte Eisenhower fünf Tage später über Radio Algier öffentlich.

Danach blieb Badoglio wenig Zeit, um sich vor den Deutschen in Sicherheit zu bringen. Schon tags darauf floh er mit der königlichen Familie, Teilen der Regierung und Militärführung nach Brindisi, wo gerade britische Fallschirmjäger im Rahmen der Operation »Slapstick« landeten. Dort nahm die königliche Regierung vorerst ihren Sitz unter alliiertem Schutz und erklärte die Deutschen am 11. September zu Feinden. Erst am 13. Oktober folgte die Kriegserklärung. Beides nahm man in Berlin wenig ernst.

Hitler hatte frühzeitig geheime Vorkehrungen treffen lassen, um Italien dem deutschen Machtbereich zu erhalten. Ab Mitte Mai plante das OKW, Italien und seine Gebiete auf dem Balkan und in Südfrankreich zu besetzen, sollte der Verbündete »aus dem Krieg ausscheiden«. Feldmarschall Rommel erhielt mit seiner neuen Heeresgruppe B die Hauptaufgabe: Sicherung der Alpenübergänge, Besetzung Italiens und Entwaffnung der italienischen Streitkräfte dort.

Als Mussolini am 25. Juli gestürzt wurde, war die Wehrmacht in Italien noch zu schwach, um offen gegen die Regierung Badoglio loszuschlagen. Beim Kampf im Süden gegen die Alliierten war sie sogar auf italienischen Rückhalt angewiesen. In Berlin hatte man Sorge, die deutschen Truppen dort könnten durch einen italienischen Waffenstillstand abgeschnitten und den Alliierten ausgeliefert werden. Vorgeblich um die Abwehrfront im Süden zu verstärken, wurden Ende Juli weitere deutsche Divisionen nach Italien ›eingeschleust‹. Das rief in Rom noch mehr Argwohn und offiziellen Protest hervor. Doch wollte man angesichts der eigenen Schwäche noch keinen Bruch mit Deutschland riskieren.

Seit dem 29. Juli sah Hitler seinen Verdacht bestätigt, dass Badoglio auf »Verrat« aus sei. Die deutsche Funkaufklärung hatte ein Telefonat zwischen Churchill und Roosevelt mitgehört, das den Schluss zuließ, Badoglio verhandele bereits mit den Alliierten. Die Spannungen zwi-

Auf dem Weg zur Unterzeichnung der endgültigen Waffenstillstandsbedingungen: Pietro Badoglio (1871–1956; 2. von links), Maresciallo d'Italia und Chef der königlich italienischen Regierung am 29. September 1943 an Bord eines britischen Schlachtschiffes im Hafen von Malta; rechts neben ihm General Eisenhower, hinter bzw. zwischen ihnen der künftige Chef der Alliierten Kontrollkommission für Italien, Lieutenant-General Noel Mason-MacFarlane (1889–1953), ganz rechts General Harold Alexander, ganz links Air Chief Marshal Arthur Tedder (1890–1967).

schen Berlin und Rom erreichten einen neuen Höhepunkt; offene Feindseligkeit wurde gerade noch vermieden. Beide Seiten spielten auf Zeit: Die italienische Regierung hoffte, sich bald in die Arme der Alliierten retten zu können. Die Deutschen brachten die Wehrmacht in Italien in Stellung, um dort sofort die Macht übernehmen zu können. Unter dem Stichwort »Achse« wollte man losschlagen.

Als der »Fall Achse« am 8. September 1943 eintrat, ließen Wehrmacht, SS und deutsche Polizei dem früheren Verbündeten keine Chance. Eine Million italienische Soldaten wurden innerhalb weniger Tage entwaffnet; die übrigen zwei Millionen konnten untertauchen. Den

Aus Verbündeten werden Gegner: Nach Bekanntgabe des italienischen Waffenstillstands am 8. September 1943 entwaffnen Soldaten der 1. Fallschirmjägerdivision die italienische Garnison von Barletta, 12. September 1943.

Deutschen kam entgegen, dass die italienische Regierung, um den Waffenstillstand geheim zu halten, auch hohe Truppenführer ohne Orientierung und Befehle gelassen hatte. So blieb gerade im Fall von Rom, das von sechs bis sieben Divisionen gesichert wurde, das Potenzial zur Gegenwehr ungenutzt. Allein das aggressive Auftreten von zwei deutschen Divisionen veranlasste den Stadtkommandanten, am 10. September zu kapitulieren.

Die Entwaffnungsaktion wurde in Norditalien von Rommel geleitet, in Mittel- und Süditalien von Kesselring. In Italien selbst war sie nach einigen Tagen abgeschlossen. Nur im italienisch besetzten Südosteuropa dauerte sie mancherorts etwas länger. Teilweise stieß die Wehrmacht auf heftigen Widerstand, der auf höheren Befehl mit »allen Mitteln und rücksichtslos« gebrochen wurde; Tausende italienische Soldaten wurden dabei ermordet. Nicht wenige Deutsche übten Rache an den ehemaligen Verbündeten, die nun als »Verräter« galten. Auch die Erinnerung an den Seitenwechsel Italiens im Ersten Weltkrieg trug dazu bei, dass Hasspropaganda und verbrecherische Befehle aus Berlin auf fruchtbaren Boden fielen. Auf Hitlers Befehl wurden über eine halbe Million italienische Soldaten als rechtlose »Militärinternierte« nach Deutschland deportiert, um dort Zwangsarbeit zu leisten.

4.2 Mussolinis Rückkehr und sein Italien von Hitlers Gnaden

Nach dem Sturz Mussolinis am 25. Juli hielt Hitler die laufenden Vorbereitungen zur Besetzung Italiens nicht für ausreichend, um das Land wieder unter deutsche Kontrolle zu bringen. Spontan erwog er einen militärischen Handstreich gegen Rom, um König und Regierung zu verhaften, Mussolini zu befreien und das faschistische Regime wiedereinzusetzen. Davon blieb nur der Plan zur Befreiung Mussolinis bestehen, der am 12. September 1943 erfolgreich ausgeführt wurde.

Nach Gesprächen mit Hitler entschloss sich Mussolini im bayerischen Exil zu einem politischen Comeback. Am 18. September kündigte er über Rundfunk die Gründung eines neuen faschistischen Staates in Italien unter seiner Führung an. Ausgerufen wurde die neue »Repubblica Sociale Italiana« (RSI) fünf Tage später in Rom. Die Regierung nahm im sicheren Salò am Gardasee ihren Sitz.

Das Kommandounternehmen »Eiche« zur Befreiung von Mussolini

Am 26. Juli 1943 erhielt General der Fallschirmtruppe Kurt Student im »Führerhauptquartier« den Auftrag, den italienischen *Duce* Benito Mussolini zu befreien, der am Vortag gestürzt und verhaftet worden war. Das Unternehmen erhielt den Decknamen »Eiche«. Die größte Schwierigkeit für Student lag zunächst darin, Mussolinis Aufenthaltsort festzustellen, der von der italienischen Regierung geheim gehalten wurde. Erst Ende August erfuhr man, wohin er gerade verlegt worden war: in ein einsames Hotel auf dem 2000 Meter hohen Berg Gran Sasso, 100 Kilometer nordöstlich von Rom.

Am 11. September handelte Student. Tags darauf kam ein Bataillon des Fallschirmjägerregiments 7 zum gewünschten Erfolg: Sein Gros erreichte und besetzte auf dem Landweg die von Carabinieri gesicherte Talstation der Seilbahn zum Gran Sasso; eine Kompanie landete in Lastenseglern direkt vor dem Hotel und überrumpelte die dortige Wachmannschaft. Unverletzt wurde Mussolini mit einem Leichtflugzeug vom Gran Sasso evakuiert und anschließend zu Hitler ins »Führerhauptquartier« geflogen.

Der unblutige Erfolg der Aktion war einem Carabinieri-General zu verdanken, den man zur Mitwirkung gezwungen hatte. Seine Autorität unterband Widerstand seitens der Bewacher. Die Idee dazu stammte von SS-Hauptsturmführer Otto Skorzeny. Der hatte mit einigen SS-Soldaten den Einsatz begleitet und drängte sich nun buchstäblich ins Bild. Eine führende Rolle bei dem Unternehmen spielte er aber nicht. Seinen Ruhm deshalb verdankte er der NS-Propaganda, die aus dem Geschehen kräftig Kapital schlug.

Schon ihr Entstehen verdankte die »Republik von Salò« ganz wesentlich Hitler. Seine Umgebung im OKW hätte Restitalien lieber direkter deutscher Kontrolle unterworfen. Hitler aber setzte auf die Erneuerung des Faschismus in Italien durch den *Duce*, dem er sich trotz vieler Enttäuschungen weiter verbunden fühlte. Freilich war die RSI ein von Deutschland völlig abhängiger Satellitenstaat, in dem sich der Faschismus noch radikaler gebärdete als zuvor. Ihr Staatsgebiet Mittel- und Norditalien verkleinerte sich mit dem deutschen Rückzug immer weiter. Die eigentlichen Machthaber in Salò waren ein hoher ziviler und ein militärischer Bevollmächtigter der deutschen Regierung bzw. der

Ein Kommandounternehmen deutscher Fallschirmjäger befreit Mussolini aus seiner Haft im Berghotel »Campo Imperatore«. Im Hintergrund das Hotel auf dem gleichnamigen Hochplateau im Gebirgsmassiv des Gran Sasso d'Italia, davor die Lastensegler, mit denen die Fallschirmjäger kurz zuvor gelandet sind, 12. September 1943.

Wehrmacht. Zusätzlich wachte ein SS-General als »Sonderberater« über die innere Sicherheit, daneben auch über die Durchsetzung der Judenverfolgung in der RSI.

Es lag im deutschen Interesse, einerseits das faschistische Regime zu erhalten und andererseits das Land wirtschaftlich auszubeuten. Die Gegensätzlichkeit dieser Ziele zeigte sich vor allem in der Frage der italienischen »Militärinternierten« in Deutschland. Aus Rücksicht auf Mussolini und sein Regime sah man sich Mitte 1944 gezwungen, ihr hartes Los der Zwangsarbeit etwas zu lindern. Außerdem entließ man einen Großteil von ihnen nach Italien, sofern sie in die Streitkräfte der RSI eintraten.

Die sogenannten national-republikanischen Streitkräfte der RSI umfassten bald 780 000 Soldaten. Sie wurden hauptsächlich dafür benötigt, die innere Sicherheit gegen die stark wachsende Partisanenbewegung aufrechtzuerhalten. Dabei mussten immer häufiger die Wehrmacht, die SS und die deutsche Polizei aushelfen. Die wenigen regulären Verbände der RSI-Streitkräfte wurden zum großen Teil in Deutschland ausgebildet und mit deutschem Material ausgestattet. Sie kamen ab 1944 auch gegen die Alliierten zum Einsatz und erwiesen sich als relativ einsatzfreudig und wirkungsvoll, vor allem die Luftwaffe.

↗ **Operation »Avalanche«: US-Amphibienfahrzeuge vom Typ DUKW fahren am Strand bei Salerno an Land, 9./10. September 1943.**

5 Der Kampf um Süditalien: September bis November 1943

5.1 Die alliierten Landungen in Süditalien: »Avalanche«, »Baytown«, »Slapstick«

Als sich Operation »Husky« gut entwickelte, reifte bei den Alliierten der Entschluss, auch auf dem italienischen Festland zu landen. Im Juli 1943 fasste Eisenhower Neapel ins Auge (Deckname »Avalanche«, ›Lawine‹). Die Vorteile lagen auf der Hand: ein großer Hafen sowie die Möglichkeit, die Wehrmacht in Kalabrien abzuschneiden. Ende August entschied man sich für den Golf von Salerno, dessen Küste weniger stark befestigt und für eine Seelandung besser geeignet war. Außerdem lag die Bucht gerade noch in Reichweite der alliierten Jagdflugzeuge aus Sizilien.

Den Auftrag für »Avalanche« erhielt der erst 47-jährige Lieutenant General Mark W. Clark mit der 5. US-Armee. Das Selbstbewusstsein der

Amerikaner war gewachsen; erstmals stand ein gemischter alliierter Großverband mit drei britischen und fünf US-Divisionen unter ihrer Führung. Das Kernunternehmen bei Salerno fiel zwar deutlich kleiner aus als »Husky«, umfasste aber immer noch über 100 000 Soldaten in fünf Divisionen. D-Day sollte der 9. September 1943 sein, unmittelbar nach Bekanntgabe des italienischen Waffenstillstands durch Eisenhower, um von der Neutralisierung der italienischen Armee zu profitieren.

Montgomery musste sich mit der Unterstützung von »Avalanche« zufriedengeben, wofür seine Armee zudem aufgesplittert wurde. Mit wenigen Tagen Vorlauf sollte ein britisches Korps die Straße von Messina überqueren und bei Reggio di Calabria landen, um den Gegner abzulenken und dessen Kräfte in Kalabrien zu binden (Operation »Baytown«). Gleichzeitig mit »Avalanche« sollte die britische 1. Luftlandedivision auf dem Seeweg Tarent einnehmen (Operation »Slapstick«), um einem anderen britischen Korps den Weg zu bahnen. Angesichts der wenigen deutschen Truppen dort hofften die Alliierten, bald ganz Apulien mit den wichtigen Luftwaffenbasen von Foggia in die Hand zu bekommen.

Die Alliierten waren unsicher, welcher Gegner sie auf dem Festland erwarten würde. Größere Sorge bereiteten ihnen die Deutschen. Diese hatten Ende August in Süditalien die 10. Armee mit zwei Armeekorps unter General Heinrich von Vietinghoff gebildet. Der Abwehrschwerpunkt lag bei Hubes XIV. Panzerkorps an der Küste beiderseits von Neapel, wo der alliierte Hauptangriff erwartet wurde. Zur Sicherung der Bucht von Salerno wurde die neue 16. Panzerdivision eingesetzt. Die beiden anderen Divisionen Hubes lagen näher bei Neapel in Bereitschaft, waren nach starken Verlusten in Sizilien aber noch nicht voll einsatzbereit.

Mit ihren verbliebenen Kräften konnte die 10. Armee nicht hoffen, den Feind aufzuhalten. Das galt vor allem für Apulien, wo die 1. Fallschirmjägerdivision nur ein dünnes Sicherungsnetz bildete. Kaum bessere Aussichten hatte General Traugott Herr, der sich mit seinem LXXVI. Panzerkorps bereits vor Beginn der Operation »Baytown« in den Norden Kalabriens zurückzog. So stießen die Briten am 3. September 1943 bei Reggio Calabria ins Leere, zumal sich die italienische Küstenverteidigung kampflos ergab. Danach aber wurde ihr weiterer Vorstoß von deutschen und italienischen Nachhuten verlustreich verlang-

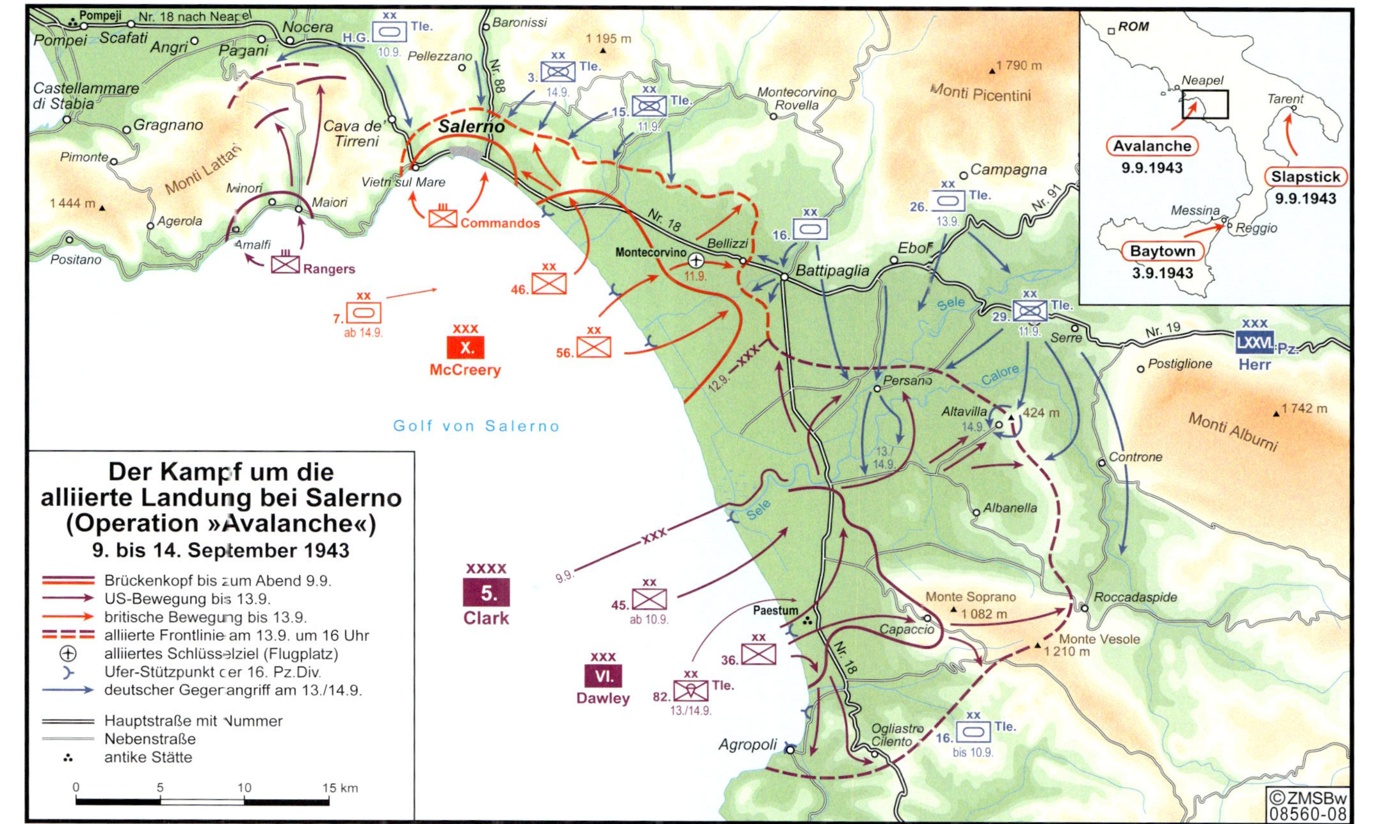
Der Kampf um die alliierte Landung bei Salerno (Operation »Avalanche«)
9. bis 14. September 1943
Brückenkopf bis zum Abend 9.9.
US-Bewegung bis 13.9.
britische Bewegung bis 13.9.
alliierte Frontlinie am 13.9. um 16 Uhr
alliiertes Schlüsselziel (Flugplatz)
Ufer-Stützpunkt der 16. Pz.Div.
deutscher Gegenangriff am 13./14.9.
Hauptstraße mit Nummer
Nebenstraße
antike Stätte
0
5
10
15 km
Golf von Salerno
Salerno
Battipaglia
Paestum
Agropoli
Montecorvino
Bellizzi
Eboli
Persano
Altavilla
Albanella
Capaccio
Roccadaspide
Controne
Serre
Postiglione
Campagna
Montecorvino Rovella
Baronissi
Pellezzano
Cava de' Tirreni
Vietri sul Mare
Nocera
Pagani
Angri
Scafati
Pompei
Pompeji
Castellammare di Stabia
Gragnano
Pimonte
Agerola
Positano
Amalfi
Minori
Maiori
Ogliastro Cilento
Monti Lattari
Monti Picentini
Monti Alburni
Monte Soprano
Monte Vesole
1 444 m
1 195 m
1 790 m
1 742 m
1 082 m
1 210 m
424 m
Nr. 18 nach Neapel
Nr. 88
Nr. 18
Nr. 91
Nr. 19
Sele
Calore
Commandos
Rangers
X. McCreery
5. Clark
VI. Dawley
LXXVI. Pz. Herr
H.G. 10.9.
3. 14.9. Tle.
15. 11.9. Tle.
16.
26. 13.9. Tle.
29. 11.9. Tle.
16. bis 10.9. Tle.
7. ab 14.9.
46.
56.
45. ab 10.9.
36.
82. 13./14.9. Tle.
11.9.
12.9.
9.9.
13./14.9.
14.9.
ROM
Neapel
Tarent
Messina
Reggio
Avalanche 9.9.1943
Slapstick 9.9.1943
Baytown 3.9.1943
©ZMSBw 08560-08

samt. So erreichten die Briten bis zum 8. September nicht einmal die Mitte Kalabriens.

Damit brachte »Baytown« nicht die erhoffte Entlastung für »Avalanche«. Noch eine andere alliierte Rechnung ging nicht auf: Die Verkündung des Waffenstillstands mit Italien am 8. September lähmte die Deutschen am Vorabend von »Avalanche« keineswegs. Nur im Großraum Neapel musste die Wehrmacht Truppen mobilisieren, um bewaffneten Widerstand niederzuschlagen. Auf das Stichwort »Achse« hin waren die italienischen Garnisonen und die Küstenverteidigung dort nach drei Tagen entwaffnet bzw. übernommen worden.

Schließlich kam am 9. September der D-Day: Ab dem frühen Morgen warfen – Minensucher und -räumer voraus – Hunderte Landungsfahrzeuge zwei britische Divisionen und eine US-Division im Pendelverkehr an Land, zudem britische Kommandos und amerikanische Rangers im schwierigen Gelände bei Salerno und Amalfi. Jede alliierte Division war deutlich stärker als die 16. Panzerdivision gegenüber. Diese hatte sich im Hinterland der Bucht aufgestellt, um im Gegenangriff schnell Schwerpunkte bilden zu können. Die Alliierten fassten daher schnell Fuß, erlitten aber durch deutsche Uferstützpunkte mit Panzer- und Flugabwehrgeschützen sowie durch Artilleriefeuer aus dem Hinterland erhebliche Verluste. Das Trommelfeuer der Schiffsgeschütze zeigte weniger Wirkung als bei »Husky«. Die Alliierten erkannten, dass es diesmal nicht so leicht werden würde.

Tatsächlich entwickelte sich eine Pattsituation. Dank ihrer großen Überlegenheit konnten die Alliierten in den ersten zwei Tagen mehrere Kilometer tiefe Brückenköpfe zwischen Amalfi und dem antiken Paestum ausbauen. Die Gegenangriffe der 16. Panzerdivision blieben im alliierten Granaten- und Bombenhagel liegen, verhinderten aber immerhin den Ausbruch des Gegners aus seinen Brückenköpfen. Vietinghoff zog nun seine beiden Korps bei Salerno zusammen, deren Eintreffen sich allerdings infolge starker alliierter Luftangriffe, Treibstoffmangel und schlechter Nachrichtenverbindungen verzögerte. Die 16. Panzerdivision blieb daher vorerst auf sich allein gestellt.

So war weiter die 5. US-Armee im Vorteil, weil sie umgehend auf ihre Reserven vor der Küste zurückgreifen konnte, um ab dem 10. September die breite Lücke zwischen beiden Brückenköpfen zu schließen. Ohne klare Schwerpunktbildung fehlte Clarks Angriff aber weiterhin die

Generalfeldmarschall Albert Kesselring und der Oberbefehlshaber der deutschen 10. Armee, General der Panzertruppe Heinrich von Vietinghoff (1887–1952), nach einer Besprechung, August/September 1943.

Durchschlagskraft. Zwei Tage später war dann die 10. Armee mit Masse um die Bucht versammelt, ging zum Gegenangriff über und drohte bald den alliierten Brückenkopf zu spalten. Siegesgewiss funkte Vietinghoff am 13. September um 17.30 Uhr an Kesselring und das OKW: »Nach 4tägiger Abwehrschlacht Feindwiderstand im Zusammenbrechen.«

Das war voreilig, obwohl Clark bereits die Evakuierung der Landungstruppen erwog. Doch schon am Abend des 13. September stabilisierte das VI. US-Korps seine Front aus eigener Kraft. Die Krise war ausgestanden, als die Alliierten ab Mitternacht dann auch die 82. US-Luftlandedivision in die Schlacht warfen. Am 14./15. September wendete sich das Blatt zu ihren Gunsten. Zunächst kam der Angriff des LXXVI. Panzerkorps im massiven Abwehrfeuer vor den amerikanischen Linien zum Stehen. Daraufhin verlegte die 10. Armee ihren Schwerpunkt auf den anderen Flügel. Dort scheiterte der Angriff des XIV. Panzerkorps am 16. September schon im Ansatz, weil das britische Korps rechtzeitig Verstärkung durch die zweite große Landungswelle der Armee erhalten hatte. Zusätzlich griffen, aus Malta herbeigerufen, zwei britische Schlachtschiffe in den Feuerkampf ein.

Am 16. September abends musste Vietinghoff melden, dass sich seine Angriffe festgefahren hatten. Daraufhin ließ Kesselring die Schlacht abbrechen und ordnete den Rückzug aus der Bucht an. Die deutschen Verluste hielten sich gleichwohl in Grenzen: 3500 Tote, Verwundete und Vermisste gegenüber 10 000–12 000 auf alliierter Seite. Einen kleinen Erfolg verbuchte sogar die Luftwaffe: Mit ihren neuartigen ferngelenkten Gleitbomben hatte sie einige alliierte Schiffe versenkt oder schwer beschädigt. An der erdrückenden Überlegenheit des Gegners zur See änderte das freilich nichts.

5.2 Auf dem Weg zur »Gustav-Linie«

Infolge des Waffenstillstands vom 8. September hatte Hitler zunächst den schnellen Rückzug auf Rom genehmigt, war nun aber vom Verlauf der Schlacht bei Salerno positiv überrascht. Er beförderte Vietinghoff zum Generaloberst und begann umzudenken. In dieser Hinsicht war ihm Kesselring bereits einen Schritt voraus. Um das Vorfeld Mittelitaliens nicht vorschnell aufzugeben, ließ Letzterer die 10. Armee nördlich von Salerno eine Front bilden und bis zur Adria bei Manfredonia verlängern. Beide Seiten hatten damals außer Neapel vor allem Foggia mit seinen großen Luftwaffenbasen im Blick. Um diese zu verteidigen, stand den Deutschen nur die 1. Fallschirmjägerdivision zur Verfügung. Durch die Briten war sie aus Tarent verdrängt worden und wich nun, kaum ein Regiment stark, auf Foggia zurück. »Verbrannte Erde« hinterlassend hielten die Fallschirmjäger mühsam Anschluss an die 10. Armee. Doch am 27. September sahen sie sich gezwungen, Foggia den Alliierten zu überlassen. Die eröffneten bald auch von dort aus den strategischen Luftkrieg gegen Deutschland und Ziele auf dem Balkan.

Auf dem anderen Flügel der 10. Armee wurde es für Hubes Panzerkorps wieder ernst, als die 5. US-Armee in der Nacht zum 23. September ihre Offensive auf Neapel begann. Die alliierte Luftwaffe machte deutsche Truppenbewegungen bei Tag fast unmöglich und zerstörte im Hinterland die Verkehrsinfrastruktur. Alexander, der sein Hauptquartier Ende September nach Bari verlegt hatte, wollte die deutsche Armee noch in Süditalien stellen und vernichten. Diese Rechnung ging jedoch nicht auf. Vor dem Druck der US-Armee wichen die Deutschen kontrolliert auf eine Widerstandslinie aus, die den Unterläufen der Flüsse Volturno und Biferno folgte (»Viktor-Linie«). Dabei zwang sie ein Volks-

Britische Infanterie im Häuser- und Straßenkampf gegen deutsche Truppen in Torre Annunziata nahe Neapel, Ende September 1943.

aufstand vorzeitig zur Aufgabe von Neapel. Am 1. Oktober zogen die Alliierten in die stark mitgenommene Millionenstadt ein: Alliierte Luftangriffe hatten die Industrieviertel, die abziehenden Deutschen hatten die Infrastruktur zerstört. Die Alliierten setzten den Hafen bald wieder instand und machten Neapel zu ihrer Basis in Italien. Im nahen Caserta nahmen Clark und später auch Eisenhower ihr Hauptquartier.

Anfang Oktober brachte eine amphibische Operation der Briten den schwachen Eckpfeiler der deutschen »Viktor-Linie« an der Adria bei Termoli zum Einsturz. Eisenhower und Alexander, aufgrund ihrer jüngsten Erfolge überoptimistisch, waren damals vom Einmarsch in Rom binnen Monatsfrist überzeugt. Dabei erreichte die 5. US-Armee erst nach quälenden Gefechten mit Hubes Nachhuten am 6./7. Oktober den Unterlauf des Volturno, hinter dem die Deutschen gut verschanzt ihren Gegner erwarteten. Auch musste das vor ihnen liegende Terrain die Alliierten nachdenklich machen. Der mittlere Apennin mit den fast 3000 Meter hohen Abruzzen sowie viele Flussläufe boten den Deutschen gute Möglichkeiten, den Vormarsch des Gegners aufzuhalten. Zudem

Deutsche Soldaten im Kampf um eine zerstörte Brücke über den Volturno nordwestlich von Neapel, Oktober 1943.

hatte sich der Herbst mit starkem Dauerregen und einem Temperatursturz eingestellt, weshalb die alliierten Bodentruppen erheblich weniger Luftunterstützung erhielten.

Am 4. Oktober 1943 entschloss sich Hitler, Italien möglichst weit südlich zu verteidigen. Kesselring ließ dafür eine Reihe von Verteidigungslinien vorbereiten. Spätestens an der »Bernhard-« und der »Gustav-Linie« sollte der Gegner zum Stehen gebracht werden. Beide querten den italienischen ›Stiefel‹ an seiner schmalsten Stelle und waren größtenteils deckungsgleich. Ihre Enden lehnten sich im Süden an den Fluss Garigliano, im Norden an den Sangro an. Im Landesinnern bestimmten die Höhen und Täler der Abruzzen den Verlauf. Im südlichen Abschnitt bot die »Gustav-Linie« nur einige Kilometer hinter der »Bernhard-Linie« den stärkeren Rückhalt. Ihr Mittelpfeiler war der Monte Cassino mit der gleichnamigen Benediktinerabtei, weshalb die »Gustav-Linie« auch »Cassino-Stellung« hieß. Die Alliierten sprachen bald nur noch von der *winter line*.

Ein durchgehendes Stellungssystem hätte sich weder rechtzeitig bauen noch ausreichend besetzen lassen. Realisierbar war lediglich eine lose Kette ausgebauter Positionen und kleiner Bunker in Verbindung mit den zahlreichen natürlichen Hindernissen. Ende September ging die paramilitärische »Organisation Todt« mit bald Zehntausenden deutschen Arbeitern sowie Zwangsarbeitern aus deutsch besetzten Ländern ans Werk, angeleitet von einem Pionier-General. Die italienische Bevölkerung entzog sich dem freiwilligen oder erzwungenen Arbeitseinsatz, so gut es ging. Bis zum 1. November sollten die Stellungen fertig sein. Bis dahin galt es, den Vorstoß der Alliierten nach Kräften zu verlangsamen.

Der strategischen Entscheidung folgte die Straffung der Kommandostruktur: Kesselring erhielt den Oberbefehl über alle zu Lande eingesetzten deutschen Streitkräfte in Italien. Rommel, der zum schnellen Rückzug auf Norditalien riet und nicht mehr Hitlers volles Vertrauen genoss, wurde nach Frankreich versetzt, um die Vorbereitungen zur Abwehr einer alliierten Invasion in Westeuropa zu koordinieren. Als »Oberbefehlshaber Südwest« gebot Kesselring ab Ende November 1943 über die neu gebildete Heeresgruppe C. Ihr unterstand außer der 10. auch die 14. Armee unter Generaloberst Eberhard von Mackensen, die in Norditalien gerade aufgestellt wurde. Daneben kam Kesselring

Im (Zwangs-)Dienst der ›Besatzer‹: italienische Arbeiter der deutschen »Organisation Todt« bei Arbeiten im nördlichen Italien 1944.

die kampflose Räumung Sardiniens und Korsikas zustatten, von wo Mitte September/Anfang Oktober 1943 fast 30 000 deutsche Soldaten auf das Festland überführt wurden. Drei weitere Divisionen ließ das OKW im Oktober aus Norditalien an die »Bernhard-Linie« verlegen.

Wie nötig diese Verstärkungen waren, zeigte der Blick auf die Front. Dort standen auf 150 Kilometern Länge nur sieben deutsche Divisionen den zehn Divisionen und zwei Panzerbrigaden der Alliierten gegenüber. Die alliierten Divisionen waren allein an Infanterie mindestens um ein Drittel stärker und konnten ihre Verluste erheblich besser ersetzen. Beides konnten die Deutschen auch durch größere Kampferfahrung nicht ausgleichen. Um sich für den Hauptkampf zu schonen, überließen sie das Rückzugsgefecht kleinen Nachhuten, die durch Zerstörung der Infrastruktur, Artilleriefeuer, Hinterhalte und Minensperren die Verfolger wirksam verlangsamten.

Manchmal standen sich die Alliierten durch übervorsichtiges, schematisches und daher langsames Vorgehen auch selbst im Weg, – etwa am Adria-Abschnitt, wo die deutschen Linien besonders dünn waren. Dort mussten die Deutschen nach dem Verlust von Termoli die »Viktor-Linie« aufgeben und ab dem 11. Oktober hinter den Trigno ausweichen. Das gelang ihnen reibungslos, weil die britische Armee ihren Erfolg nicht entschlossen ausnutzte. Stattdessen verordnete ihr Montgomery eine Pause zur Erholung und Reorganisation, weil sie nach der Zweiteilung für »Baytown« und »Slapstick« noch nicht wieder gefestigt war. Als die Briten Ende Oktober wieder aktiv wurden, hatten sie die Gelegenheit zum Durchbruch verpasst. Gegen inzwischen gut verschanzte Deutsche mussten sie sich die Überquerung des Trigno mühsam erkämpfen. Anschließend benötigten sie für 25 Kilometer Geländegewinn eine gute Woche. Erst am 9. November erreichten sie den Unterlauf des Sangro; auf den Höhen gegenüber lagen die Stellungen der »Bernhard-Gustav-Linie«.

Noch schwächer war der Angriffsdruck der Briten im gebirgigen Landesinnern. Erst am 20. Oktober sah sich General Herr mit seinem LXXVI. Panzerkorps gezwungen, auch dort die »Viktor-Linie« aufzugeben und hinter den Trigno auszuweichen. Briten und Kanadier bahnten sich bei schlechtem Wetter nur langsam ihren beschwerlichen Weg durch das Bergland von Molise; Anfang November erreichten sie den Oberlauf des Trigno. Am 4. November trafen in Isernia Einheiten der

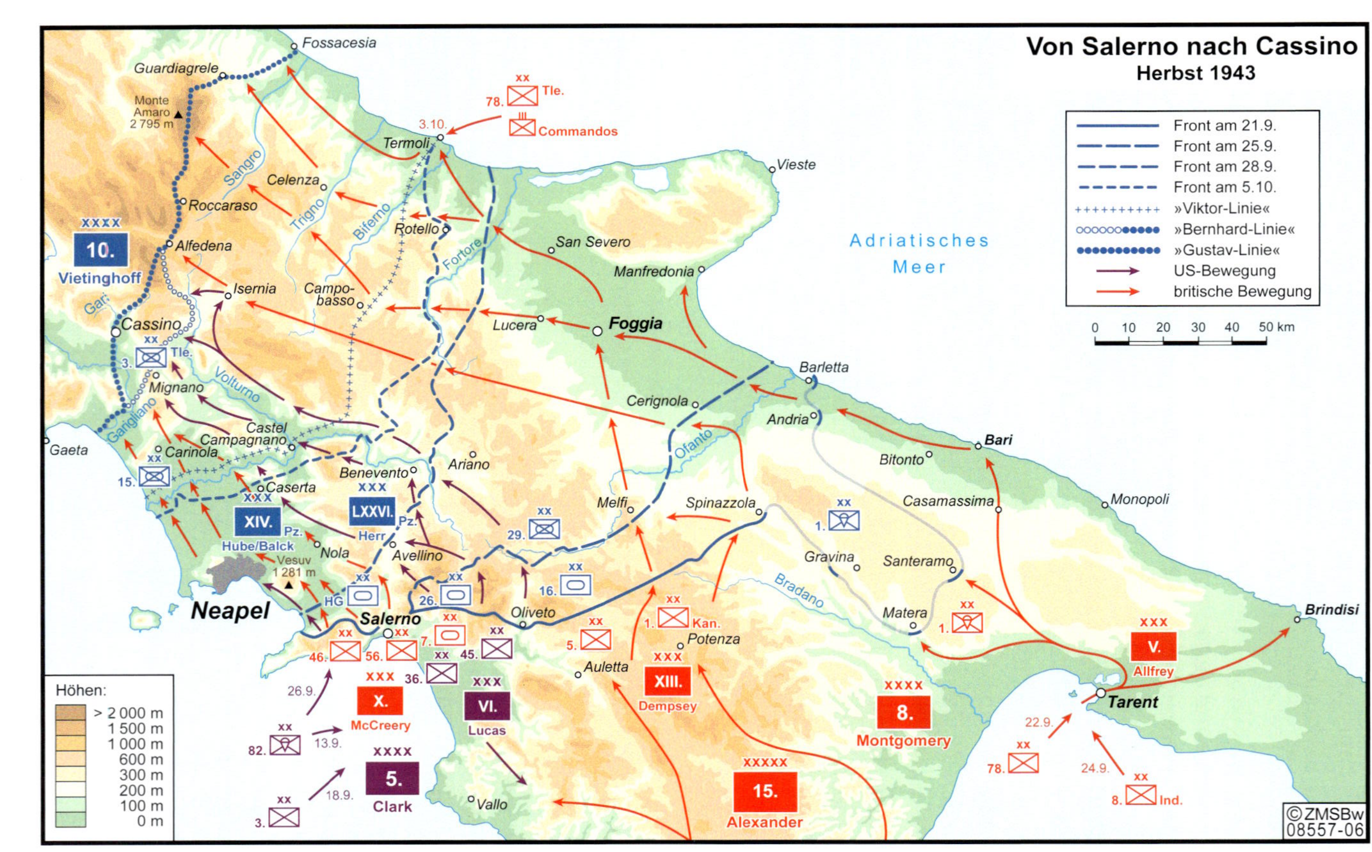

Von Salerno nach Cassino
Herbst 1943
Front am 21.9.
Front am 25.9.
Front am 28.9.
Front am 5.10.
»Viktor-Linie«
»Bernhard-Linie«
»Gustav-Linie«
US-Bewegung
britische Bewegung
0 10 20 30 40 50 km
Adriatisches Meer
Höhen:
> 2 000 m
1 500 m
1 000 m
600 m
300 m
200 m
100 m
0 m
Fossacesia
Guardiagrele
Monte Amaro 2 795 m
Termoli
3.10.
78. Tle.
Commandos
Vieste
Celenza
Roccaraso
Sangro
Trigno
Biferno
Rotello
Fortore
San Severo
Manfredonia
Foggia
Lucera
Alfedena
10.
Vietinghoff
Isernia
Campobasso
Gari
Cassino
3. Tle.
Mignano
Volturno
Garigliano
Castel Campagnano
Carinola
Gaeta
15.
Caserta
XIV.
Pz.
Hube/Balck
Benevento
LXXVI.
Pz.
Herr
Ariano
Nola
Avellino
Vesuv 1 281 m
Neapel
HG
Salerno
26.
16.
29.
Oliveto
Barletta
Andria
Cerignola
Ofanto
Melfi
Spinazzola
Bari
Bitonto
Casamassima
Monopoli
1.
Gravina
Santeramo
Bradano
Matera
Brindisi
46.
56.
7.
45.
36.
5.
1. Kan.
Potenza
Auletta
XIII.
Dempsey
X.
McCreery
VI.
Lucas
26.9.
82.
13.9.
5.
Clark
3.
18.9.
Vallo
15.
Alexander
8.
Montgomery
V.
Allfrey
Tarent
22.9.
78.
24.9.
8. Ind.
©ZMSBw 08557-06

britischen und der amerikanischen Armee aufeinander und schlossen die alliierte Front über die gesamte Apenninen-Halbinsel.

Anfang November 1943 war der alliierte Feldzug erheblich im Verzug. Einen Monat zuvor hatte man sich zu diesem Zeitpunkt bereits in Rom einmarschieren sehen. Nun aber stand die 5. US-Armee noch über 100 Kilometer von Rom entfernt und hatte das größte Hindernis noch vor sich: die »Bernhard-Gustav-Linie«. Begünstigt vom Gelände und Wetter hatte das XIV. Panzerkorps bis dahin den Angriff der Amerikaner für diese verlustreich verlangsamt, wobei sich eine Taktik bewährte: Ein Teil der Kräfte blieb am Feind; ein anderer wurde in die »Bernhard-Gustav-Linie« eingegliedert; ein dritter ging in Reserve, aber ohne dort wirklich Ruhe zu finden.

Anders als die Alliierten konnte die deutsche Armee – in steter Personalnot – ihren Divisionen keinen regelmäßigen Wechsel zwischen Fronteinsatz und Ruhephasen erlauben. Regeneration wie Ausbildung

Heftige Regenfälle im Herbst 1943 erschweren den alliierten Vormarsch – hier US-Truppen – erheblich.

kamen dadurch zu kurz. Infolge der notorischen Mangelwirtschaft standen kaum mehr vollständige, organisch gewachsene Verbände an der Front. Manche Division schmolz für längere Zeit auf Brigade- oder gar Regimentsstärke zusammen; Regimenter waren oft nicht stärker als Bataillone. Das Gefecht trugen Kampfverbände, die man zeitweilig zusammenstellte, um der jeweiligen Bedrohung ›maßgeschneidert‹ zu begegnen.

Für zusätzliche Reibung sorgte die Führungsspitze: Im Streit um die Operationsführung überwarf sich Vietinghoff mit Kesselring, erkrankte und musste bis Jahresende vertreten werden. Kurz zuvor war General Hube zur Beförderung an die Ostfront versetzt und durch Generalleutnant von Senger ersetzt worden. Dass die 10. Armee dennoch ein gefährlicher Gegner blieb, merkten die Amerikaner am 31. Oktober 1943 beim Angriff auf die Talenge von Mignano, das Herzstück der deutschen Verteidigung im Vorfeld der »Bernhard-Linie«. Gut verschanzt

General der Panzertruppe Fridolin von Senger und Etterlin (1891–1963; 2. von rechts), deutscher Befehlshaber im Südabschnitt der Gustav-Linie, lässt nach dem alliierten Luftangriff auf Kloster Montecassino am 18. Februar 1944 Erzabt Gregorio Diamare (Mitte) und überlebende Mönche nach Rom evakuieren.

versperrte sie dort den Zugang zum Tal des Liri und damit den kürzesten Weg nach Rom. Im Zentrum verbissen sich die 3. US-Infanteriedivision und die 3. Panzergrenadierdivision geradezu ineinander. Schließlich warf Kesselring seine bei Rom liegende Reserve in eine Schlacht, die Senger bereits für verloren hielt. Am Ende blieben der Westausgang der Enge und das hart umkämpfte Dorf San Pietro Infine vorerst in deutscher Hand.

Am 13. November 1943 zogen die Amerikaner die ›Notbremse‹, weil sie mit ihren Kräften am Ende waren. Seit Erreichen der »Viktor-Linie« am 7. Oktober hatten sie 10 000 Mann verloren, die halb so starken Deutschen knapp 5000. Alexander gab daher Clarks Antrag auf Abbruch der Offensive statt. Das rettete die Deutschen noch einmal. Sie hatten die Kampfpause von zwei Wochen noch nötiger. Bald gerieten die Alliierten weiter unter Druck, als Mitte November ein Regensturm die Behelfsbrücken über den Volturno zerstörte und den Nachschub stark beeinträchtigte. Das Gelände versank endgültig im Schlamm und machte jeden größeren Angriff vorerst unmöglich.

↗ Ein Beobachtungsposten der deutschen Fallschirmjäger auf dem Monte Cassino mit weitem Blick nach Südosten auf die vordersten Linien der Alliierten, Februar 1944.

6 Der Kampf um Mittelitalien: November 1943 bis September 1944

6.1 Kämpfe im Vorfeld der »Bernhard-Gustav-Linie« und die Geburt von Operation »Shingle«

Die 5. US-Armee nutzte die zweite Novemberhälfte 1943 zur Erholung und Reorganisation. Für den Nachschub im Gebirge beschaffte man Hunderte Maultiere und Esel als Tragtiere. Verstärkung kam mit der 1st Special Service Force, einem alliierten Spezialregiment für Gebirgskampf und Luftlandungen. Auch neue Verbündete trafen ein: Die königlich-italienische Armee stellte eine motorisierte Brigade ab und das freie Frankreich von Général Charles de Gaulle brachte aus Nordafrika zwei Kolonialdivisionen auf den Weg nach Italien.

Während die Amerikaner Atem holten, drängte die bereits verstärkte britische Armee ihren Gegner bis Mitte November 1943 auf die »Bernhard«-Stellungen hinter den Sangro zurück. Nach dem neuen Plan

Auf beiden Seiten wurden Esel und Maultiere für die Versorgung der vordersten Linien in gebirgigen Regionen Italiens unentbehrlich; hier Soldaten der 1. US-Infanteriedivision mit ihren Maultieren im Hafen von Palermo, Sommer 1943.

von General Alexander sollte sie von dort über das Pescara-Tal auf Avezzano vorgehen, um die deutsche Hauptmacht am Rapido und Garigliano im Rücken zu bedrohen und zum Rückzug zu zwingen. Das würde der US-Armee den Weg ins Liri- und Sacco-Tal öffnen. Sobald sie Frosinone erreicht haben würde, sollte Operation »Shingle« (›Schindel‹) starten, eine Seelandung bei Anzio, 50 Kilometer südlich von Rom, um den deutschen Rückzug zu beschleunigen und endlich den Weg nach Rom freizumachen.

Dem für »Shingle« verantwortlichen Clark bereitete das Unternehmen einiges Kopfzerbrechen, weil die nötigen Landungsmittel wegen »Overlord« und wegen des Pazifikkrieges nach wie vor knapp waren. Auch Eisenhower konnte in London und Washington nur erwirken, dass sie Clark bis höchstens Mitte Januar 1944 überlassen blieben. So verband sich mit Alexanders Plan von vornherein ein großes Fragezeichen: Konnte die 5. Armee rechtzeitig bis Frosinone vorstoßen und damit überhaupt die Voraussetzung für »Shingle« schaffen? Nach ihrem bisherigen Angriffsfortschritt durfte man das bezweifeln.

Planmäßig ging die britische Armee am 20. November 1943 am Sangro in die Offensive. Behindert durch den reißenden Fluss und das schlechte Flugwetter schlugen die Briten nur langsam eine 20 Kilometer breite Bresche in die Linien der einzigen deutschen Division dort und erschöpften sich dann im tagelangen Ringen um Ortona, das »Stalingrad Italiens« (Churchill). Als die kanadische Infanterie gegen deutsche Fallschirmjäger am 28. Dezember die Oberhand behielt, waren jeweils mehrere hundert Soldaten und jeder achte von knapp 20 000 Einwohnern ums Leben gekommen.

Wegen der hohen Verluste stellte Montgomery kurz darauf die britische Offensive ein. Von Pescara noch über zehn Kilometer entfernt, hatte sie nicht die erhoffte Entlastung für die US-Armee gebracht. Die Adria-Front fiel für vier Monate in einen Winterschlaf. Montgomery

Das Leiden der Zivilbevölkerung im Krieg: Nach der Eroberung der Stadt Ortona an der Adria durch die britische Armee helfen kanadische Panzersoldaten überlebenden Einwohnern bei der Rückkehr in ihre Wohnungen, 29. Dezember 1943.

übergab seine Armee an Lieutenant-General Sir Oliver Leese und übernahm in Großbritannien den Oberbefehl über die Bodentruppen für »Overlord«. Zur Gesamtleitung von »Overlord« wurde auch Eisenhower abberufen. Als Oberbefehlshaber im Mittelmeerraum (SACMED) folgte ihm der britische General Sir Henry M. Wilson nach. Der italienische Kriegsschauplatz hatte für die Alliierten an Bedeutung verloren.

Mit Blick auf die Operation »Shingle« stand Clark an der alliierten Hauptfront unter großem Erfolgs- und Zeitdruck. Der Vorstoß seiner Armee auf Frosinone musste unverzüglich erfolgen, zumal vorher die »Bernhard-Gustav-Linie« zu überwinden war. Daneben trieb Clark der Ehrgeiz, Rom unbedingt vor der britischen Armee zu erreichen. Zunächst aber kam sein erneuter Angriff Anfang Dezember in der Enge von Mignano gegen die deutschen Panzergrenadiere wieder nur schwer voran. Regen, Schneefall und Frost machten das Gelände noch unwegsamer und ließen die Krankenziffern in die Höhe schnellen.

Nach großen Verlusten beiderseits konzentrierte sich der Kampf auf das schwer zugängliche San Pietro. Das deutsche Bataillon dort schlug mehrere Angriffe der 36. US-Infanteriedivision zurück. Erst als den nur noch 200 Grenadieren die Isolierung drohte, wichen sie am 16. Dezember zurück, um sich im nächsten Dorf erneut zu verschanzen. Von den 800 Einwohnern San Pietros, die in Kellern ausgeharrt hatten, waren 300 ums Leben gekommen. Wie Ortona wurde San Pietro zum Sinnbild für das Leid der unschuldigen Zivilbevölkerung im Krieg.

Trotz der Verstärkung durch das französische Expeditionskorps unter Général Alphonse Juin ebbte die Offensive der 5. US-Armee Ende Dezember 1943 wegen wachsender Erschöpfung ab, ohne ihre Ziele erreicht zu haben. Gegenüber hatte das XIV. Panzerkorps die »Bernhard-Linie« nicht überall halten können, den Alliierten den Zugang zum Gari- und Rapido-Tal aber verwehrt. Die »Gustav-Linie« mit der Cassino-Stellung war weiterhin nur Luftangriffen und Artilleriebeschuss ausgesetzt.

Infolge dieser Entwicklung hatte General Alexander das Unternehmen »Shingle« bereits am 18. Dezember auf Clarks Empfehlung hin aufgegeben. Jetzt aber griff Churchill ein und bestand auf der Durchführung. Der ›Vater‹ der alliierten Mittelmeerstrategie wollte es nicht hinnehmen, dass die baldige Eroberung von Rom am Problem der Landungsschiffe scheitern sollte. Schließlich konnte er Roosevelt dazu

Divisionstypen Mitte 1944 – Personal- und Ausrüstungsstärken (»Soll«) im Vergleich

	Deutschland	Großbritannien	Vereinigte Staaten
Infanteriedivision			
Personal	12 772 (davon 1455 »Hilfswillige«*)	18 347	14 253
Kraftfahrzeuge	786 (dav. 168 Motorräder/Kettenkräder)	4330	2012
Artilleriegeschütze	43 + 25 Infanteriegeschütze (teil-motor.)	72 (motorisiert)	66 (motorisiert)
Panzerabwehrgeschütze	12–26 (davon evtl. 10 Sturmgeschütze)	110	57
Granatwerfer	86	359	144
Maschinengewehre	642	1302	393
Panzerabwehrhandwaffen	108	436	557
Gewehre/Maschinenpistolen/Pistolen	9411/1595/2025	11 254/6525/1011	11 965/90/1157
Panzerdivision			Typ »light armored division«
Personal	14 727 (davon 714 »Hilfswillige«*)	14 964	10 754
Kraftfahrzeuge (ohne Panzer)	2891 (dav. 468 Motorräder/Kettenkräder)	2098 (ohne Motorräder)	1031
Kampfpanzer	191 (davon 21 Jagdpanzer)	290	245
Schützenpanzer	287	261	450
Sonstige Panzerkampfwagen	16	100	54
Artilleriegeschütze (motorisiert)	55 + 10–12 Infanteriegeschütze	48	54 + 17 Sturmgeschütze
Panzerabwehrgeschütze	13	78	27
Flugabwehrgeschütze	65	141	0 (organisch; meist 40–80 zugeteilt)

* »Hilfswillige« (»Hiwis«) waren Hilfskräfte der Wehrmacht und SS, die aus der Bevölkerung im besetzten Gebiet der Sowjetunion angeworben wurden. Ihre genaue Anzahl blieb den Divisionen überlassen; eingesetzt wurden sie vorwiegend im Tross und bei den Rückwärtigen Diensten.

überreden, die Landungsschiffe drei Wochen länger für »Shingle« freizugeben, wenn nur »Overlord« dadurch nicht beeinträchtigt würde.

Churchills Eingreifen veränderte auch die Dimension und Zielsetzung von »Shingle«. Viel stärkere Kräfte sollten nun bei Anzio landen, der deutschen Front in den Rücken fallen und so der Hauptmacht der 5. US-Armee helfen. Doch war das Vorhaben umstritten. Major General John Lucas sollte es durchführen, glaubte aber selbst nicht an den Erfolg, sondern befürchtete, dass sein VI. US-Korps isoliert und vernichtet würde. Dennoch wurde der 22. Januar 1944 als D-Day für »Shingle« festgelegt. Gleichzeitig bereitete Clark die Offensive gegen die »Gustav-Linie« vor. Sie sollte den Gegner auf ganzer Front am Garigliano, Gari und Rapido fesseln, um dem II. US-Korps südlich von Cassino den Durchbruch ins Liri-Tal zu ermöglichen.

6.2 Die Erste Schlacht um Cassino und die alliierte Landung bei Anzio

Erst Mitte Januar 1944 erreichte die 5. US-Armee ihre Ausgangspositionen für den Angriff auf die »Gustav-Linie«. Dorthin war Sengers Panzerkorps zuletzt in einem Zug ausgewichen. Hinter den tiefen und reißenden Flüssen mit ihren Steilufern fühlten sich die Deutschen sicher. Die Brücken waren gesprengt, beide Ufer künstlich überflutet und stark vermint. Das Westufer war mit kleinen Bunkern, Maschinengewehrnestern und Stacheldraht befestigt, die Orte zu Stützpunkten mit schweren Waffen ausgebaut. Das Ostufer hatte man abgeholzt, um dem Angreifer die Deckung zu nehmen, aber hohe Baumstümpfe als Panzerhindernisse stehen lassen. Hinter dem Rapido gab den Deutschen ein Vorgebirge der Abruzzen zusätzlichen Rückhalt, an seinem Südende lag der Monte Cassino mit dem gleichnamigen Kloster. Von dort, 500 Meter oberhalb der Ebene, hatten sie das Aufmarschgebiet des II. US-Korps gut im Blick.

Zur Entlastung ihres II. Korps griff die 5. US-Armee zunächst auf den Flügeln an. Bald standen die Briten am unteren Garigliano kurz vor dem Durchbruch ins Liri-Tal. Mit Billigung Hitlers gab Kesselring am 18. Januar den Einsatz seiner bei Rom liegenden Reserve frei. Das machte ihn im Fall einer alliierten Landung bei Rom wehrlos. Doch hatte ihn Admi-

»Es ist ein langer Weg nach Rom.« – Ein Propagandaplakat der NSDAP-Auslandsorganisation in Frankreich verspottet das ›Schneckentempo‹ des alliierten Vormarsches in Italien, 1944.

ral Wilhelm Canaris, Chef des Militärgeheimdienstes, bei einem Besuch kürzlich beruhigt: In nächster Zeit sei keine Seelandung der Alliierten zu erwarten. Damit aber lag Canaris falsch, denn genau in jenen Tagen schiffte sich das VI. US-Korps bei Neapel für »Shingle« ein. Weil auch die deutsche Luftaufklärung versagte, hatte Lucas das Überraschungsmoment für sich. Zudem stand ihm der Weg nach Rom offen, da Kesselrings Reserve gerade von dort abzog.

Die Alliierten waren damit auf gutem Weg, bis am 20./21. Januar der Sturm des II. US-Korps auf die »Gustav-Linie« südlich von Cassino in einem Fiasko endete. Ohne vorherige Aufklärung und weil sie auf die Gari-Überquerung bei Sant'Angelo schlecht vorbereitet war, blieb die Infanterie der 36. US-Division in den Minenfeldern am Ufer liegen. Deutsche Grenadiere wiesen den Angriff mit nur 56 eigenen Verlusten ab, während fast 1700 GIs starben, verwundet oder gefangengenommen wurden. Clark hatte den riskanten Frontalangriff durchgesetzt, ohne den britischen Erfolg am Garigliano auszunutzen. Noch 1946 untersuchte der US-Kongress, wie es dazu kommen konnte.

Der Rückschlag Clarks am Gari verschaffte den Deutschen die notwendige Atempause, um den Schock von »Shingle« zu verdauen. Ungehindert waren am 22. Januar 1944 zunächst zwei alliierte Divisionen bei Anzio gelandet. 24 Stunden später hatten 50 000 amerikanische und britische Soldaten den Brückenkopf bereits 30 Kilometer breit und bis zu 12 Kilometer tief ausgeweitet. Zu ihrer Überraschung stellte sich ihnen niemand entgegen. Perfekt abgeschirmt hatte die Landungsflotte ihr Ziel unentdeckt erreicht. Das deutsche Hauptquartier erfuhr eher zufällig davon: durch einen Unteroffizier, der gerade in Anzio zu tun hatte.

Erneut ließen die Alliierten eine große Chance ungenutzt. Vom eigenen Vorhaben nicht überzeugt, verharrte Lucas in der Defensive. Dabei war der Weg in die 20 bis 30 Kilometer entfernten Albaner Berge völlig frei. Von dort hätten die Alliierten die Lebensadern der »Gustav-Linie« leicht unterbrechen und den Kampf um Mittelitalien früh für sich entscheiden können. Dafür war es aber bald zu spät, weil Kesselring schnell reagierte und seine letzten Einheiten im Großraum von Rom unter Führung des deutschen Stadtkommandanten dem Feind entgegenwarf. Alle verfügbaren Flugabwehr-Geschütze mussten südlich von Rom einen Panzerabwehr-Riegel bilden. Schon am Abend wich die Impro-

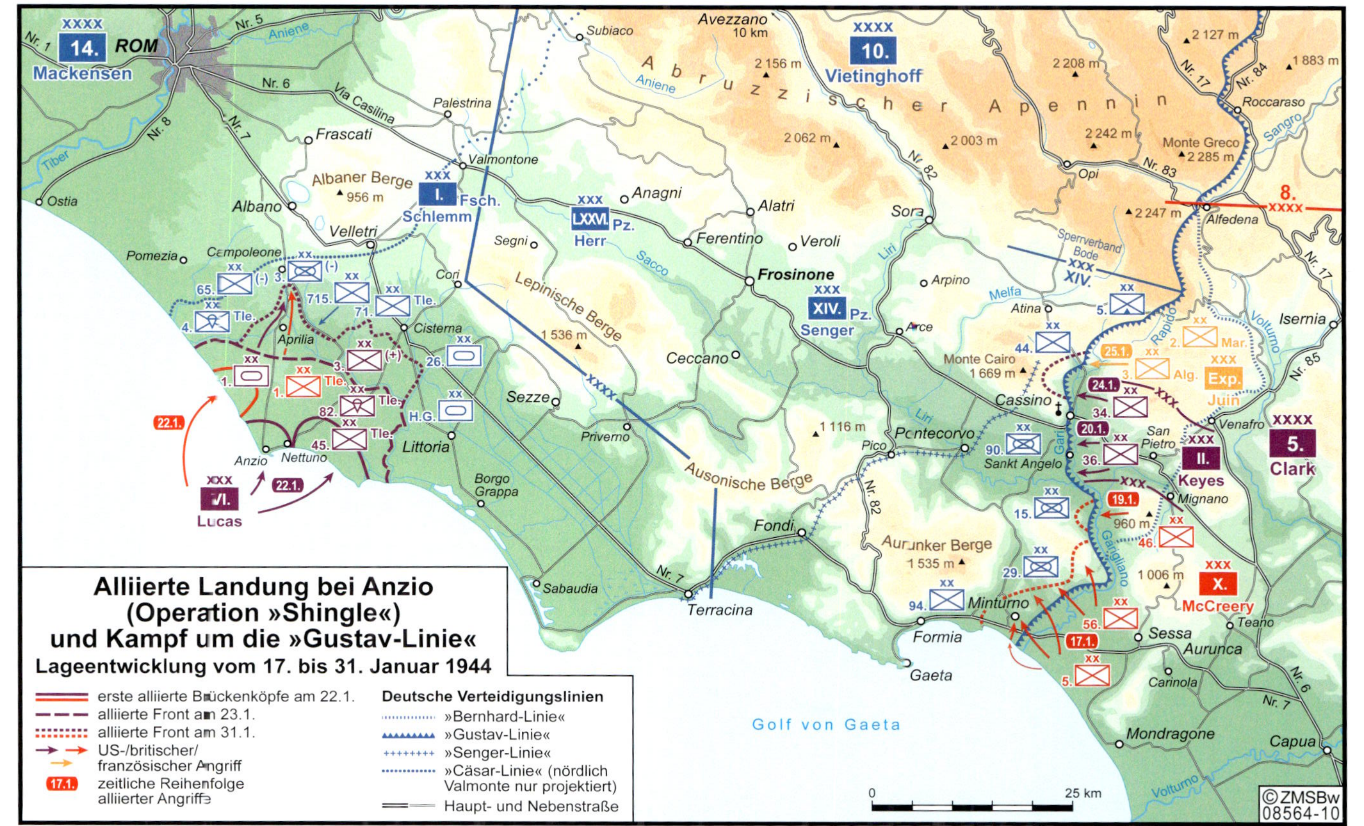

Alliierte Landung bei Anzio
(Operation »Shingle«)
und Kampf um die »Gustav-Linie«
Lageentwicklung vom 17. bis 31. Januar 1944
erste alliierte Brückenköpfe am 22.1.
alliierte Front am 23.1.
alliierte Front am 31.1.
US-/britischer/
französischer Angriff
17.1.
zeitliche Reihenfolge
alliierter Angriffe
Deutsche Verteidigungslinien
»Bernhard-Linie«
»Gustav-Linie«
»Senger-Linie«
»Cäsar-Linie« (nördlich
Valmonte nur projektiert)
Haupt- und Nebenstraße
0
25 km
© ZMSBw
08564-10
XXXX
14.
ROM
Mackensen
XXXX
10.
Vietinghoff
XXX
I.
Fsch.
Schlemm
XXX
LXXVI.
Pz.
Herr
XXX
XIV.
Pz.
Senger
XXXX
5.
Clark
XXX
II.
Keyes
XXX
X.
McCreery
XXX
VI.
Lucas
XXX
Exp.
Juin
8.
XXXX
Abruzzischer Apennin
Golf von Gaeta
Ostia
Albano
Frascati
Palestrina
Valmontone
Velletri
Campoleone
Pomezia
Aprilia
Cisterna
Anzio
Nettuno
Littoria
Borgo
Grappa
Sabaudia
Cori
Segni
Anagni
Ferentino
Alatri
Frosinone
Veroli
Ceccano
Sezze
Priverno
Terracina
Fondi
Sora
Arpino
Arce
Atina
Cassino
Pontecorvo
Pico
Sankt Angelo
San
Pietro
Venafro
Mignano
Minturno
Formia
Gaeta
Sessa
Aurunca
Teano
Carinola
Mondragone
Capua
Isernia
Alfedena
Roccaraso
Opi
Avezzano
10 km
Subiaco
Monte Greco
2 285 m
Monte Cairo
1 669 m
Albaner Berge
956 m
Lepinische Berge
1 536 m
Ausonische Berge
Aurunker Berge
1 535 m
1 116 m
2 156 m
2 062 m
2 003 m
2 208 m
2 242 m
2 247 m
2 127 m
1 883 m
960 m
1 006 m
Sperrverband
Bode
Tiber
Aniene
Sacco
Liri
Melfa
Rapido
Gari
Garigliano
Volturno
Sangro
Nr. 1
Nr. 5
Nr. 6
Nr. 7
Nr. 8
Nr. 17
Nr. 82
Nr. 83
Nr. 84
Nr. 85
Via Casilina
22.1.
24.1.
20.1.
19.1.
17.1.
25.1.

visation straffer Führung: Vom Garigliano zurückgerufen, übernahm General Alfred Schlemm den Befehl vor dem Brückenkopf. Sein I. Fallschirmkorps, vorerst nur ein ›bunter Haufen‹, bildete einen dünnen Sicherungsring um den fünfmal so starken Gegner.

Kesselring hielt damals der Versuchung stand, die »Gustav-Linie« aufzugeben und die 10. Armee weit zurückzunehmen, um sie vor einem alliierten Durchbruch bei Anzio zu retten. Gleichzeitig reorganisierte er seine Heeresgruppe für den Kampf an nunmehr zwei Fronten. Vietinghoff sollte mit der 10. Armee weiter die »Gustav-Linie« halten. Das aus Norditalien herbeorderte Oberkommando der 14. Armee unter Mackensen übernahm die Anzio-Front und den Raum von Rom. Hitler, das OKW und Kesselring waren sich einig darin, den alliierten Brückenkopf nicht nur einzudämmen, sondern zu eliminieren. Dem maßen sie hohe symbolische und strategische Bedeutung bei. Die 14. Armee erhielt deshalb großzügig Verstärkungen aus Deutschland, Westeuropa, vom Balkan und sogar von der hart bedrängten 10. Armee. Ende Januar war vor dem Brückenkopf ein halbes Dutzend teils unvollständiger Divisionen versammelt, die dem VI. US-Korps aber immer noch unterlegen waren.

Während sich die Deutschen noch zum Angriff formierten, kam ihnen der Gegner zuvor. Auf Druck von Clark ging Lucas in der Nacht zum 30. Januar endlich in die Offensive. Trotz Unterstützung durch eine zehnfach überlegene Luftwaffe sowie durch Kriegsschiffe vor der Küste lief sich der Angriff seiner nun 70 000 Mann gegen die gut vorbereiteten Deutschen schnell fest. In dem Marschland mit vielen Wasserhindernissen, aber wenigen festen Straßen konnten die Alliierten ihre Überlegenheit, vor allem an Panzern, nicht voll entfalten. Die 15 bis 20 km entfernten Albaner Berge, von wo deutsche Artillerie den Brückenkopf beschoss, erreichten sie deshalb nicht. Am 2. Februar ließ Clark den Angriff einstellen. Wachsende Zweifel an der Eignung von Lucas führten noch im Februar zu seiner Ablösung.

Mitte Februar kamen die Deutschen zum Zug. Die auf 125 000 Mann verstärkte 14. Armee war dem VI. US-Korps erstmals zahlenmäßig überlegen. Schon seit Tagen nahmen aus weiter Entfernung zwei riesige deutsche Eisenbahngeschütze den Brückenkopf und die alliierte Flotte vor Anzio unter Feuer. Insgesamt aber war die 14. Armee an schweren Waffen unterlegen und erhielt auch keine große Unterstützung durch

In einer Feuerpause reinigen Kanoniere das Rohr eines deutschen Eisenbahngeschützes vom Typ Krupp K5 (E). Zwei solche Geschütze vom Kaliber 28 Zentimeter operierten aus der sicheren Entfernung und Deckung eines Eisenbahntunnels 40 Kilometer nördlich von Anzio. Sie beschossen von dort Brückenkopf und Landungsflotte der Alliierten.

die eigene Luftwaffe, die sich vorrangig auf die alliierte Flotte konzentrierte. Auf ihre letzte Rückzugslinie zurückgedrängt, sahen sich die Alliierten trotzdem beinahe gezwungen, den Brückenkopf zu räumen. Dann aber erschöpfte sich der deutsche Angriff am 20. Februar gegen die letzten US-Reserven, die mit massiver Unterstützung durch Artillerie und Luftwaffe den Einbruch abriegelten. Zum Misserfolg beigetragen hatten Eingriffe Hitlers in die Planung und Führung der 14. Armee.

Ein zweiter Versuch, den die 14. Armee Ende Februar 1944 auf Hitlers Befehl unternahm, scheiterte noch weit entmutigender. Kesselring verlor die Hoffnung, den Brückenkopf zu zerstören, zumal er keine weiteren Verstärkungen erwarten durfte. Um Hitler von weiteren Angriffen abzubringen, entsandte er seinen Stabschef ins »Führerhauptquartier«. Dessen illusionsloser Lagebericht fruchtete aber nur, weil er von Frontoffizieren der 14. Armee, die Hitler gleichzeitig einbestellt hatte, bestätigt wurde. Der Vorgang zeigt, wie stark der Diktator seinen Generalen und Stäben inzwischen misstraute.

Infanterie der britischen Armee beim Angriff in der durch alliierte Bomber und Artillerie völlig verwüsteten Stadt Cassino (im Hintergrund der Burgberg der Stadt), Frühjahr 1944.

Damit war die Pattsituation bei Anzio perfekt. Jede Seite hatte nach sechs Wochen Kampf etwa 20 000 Tote, Verwundete und Vermisste zu beklagen, aber keinen wesentlichen Fortschritt erzielt. Die Lage bei Anzio erstarrte bis weit in den Mai 1944 und band dennoch auf beiden Seiten viele Kräfte. Die »Gustav-Linie« musste nun mit einer Bedrohung im Rücken leben. Vorsorglich ließ Kesselring hinter ihr die »Cäsar-Linie« (kurz: »C-Linie«) ausbauen, die Mittelitalien von der Küste südlich von Rom bis zur Adriaküste bei Pescara abriegeln sollte.

Das Patt bei Anzio zwang Clark dazu, erneut an der Hauptfront die Entscheidung zu suchen. Als Speerspitze sollte diesmal die 34. Infanteriedivision Cassino im Norden umgehen, über die Berge ins Liri-Tal und damit in den Rücken der »Gustav-Linie« vorstoßen. Verstärkt mit Panzern und Pionieren sowie im Norden vom französischen Korps flankiert, machte sie sich in der Nacht zum 25. Januar 1944 daran, zunächst den Rapido zu überwinden. Bis Anfang Februar bildete sie unter großen Verlusten etwas nördlich von Cassino einen Brückenkopf am anderen Ufer. In der ersten Februarhälfte konnte sie ihn langsam ausbauen und die deutschen Verteidiger auf den nördlichen Stadtrand und die Höhen hinter Cassino zurückdrängen; dann erschöpfte sich der Angriff.

Der verbissen geführte Kampf unter extremen winterlichen Bedingungen ließ die Verluste und Ausfälle schnell steigen. Erneut schrumpften Regimenter zu Bataillonen, Bataillone zu Kompanien. Beide Seiten mobilisierten daher bereits Anfang Februar ihre Reserven und griffen auch auf ihre Kräfte am Adria-Frontabschnitt zurück, der sich weiter im ›Winterschlaf‹ befand. Oberst Baade löste mit seiner 90. Panzergrenadierdivision die ausgebrannte 44. Infanteriedivision in und um Cassino ab; auf dem Monte Cassino ging die 1. Fallschirmjägerdivision unter Generalleutnant Richard Heidrich in Stellung.

Deutlich mehr Verstärkung erhielt Clark, um seine Offensive in Schwung zu bringen. Alexander unterstellte ihm das provisorische Neu-

Deutsche Überlebende des schweren alliierten Luftangriffs auf Cassino am 15. März 1944: In den Ruinen im Stadtzentrum erwarten Soldaten des II. Bataillons des Fallschirmjägerregiments 3 mit ihrem letzten einsatzfähigen Sturmgeschütz den Angriff des neuseeländischen Korps.

Die Zerstörung des Klosters Montecassino

Auf dem 500 Meter hohen Monte Cassino, 100 Kilometer südöstlich von Rom, thront noch heute die gleichnamige Benediktinerabtei über der Ebene. Im Mittelalter ein geistiges Zentrum des Abendlandes, wurde die Klosteranlage am 15. Februar 1944 bis auf die Grundmauern zerstört. Nach dem Krieg baute man sie in alter Form wieder auf.

Als sich die Front im Oktober 1943 dem Monte Cassino näherte, evakuierten zwei Offiziere der Panzerdivision »Hermann Göring« eigenmächtig die meisten Bewohner und beweglichen Kulturschätze des Klosters. Letztere ließ Feldmarschall Kesselring Ende 1943 dem Vatikan überstellen. Außerdem verbot er seinen Soldaten, die Anlage zu betreten. Das stellte ab Januar 1944 sogar eine deutsche Wache sicher. Abt und Mönche bestätigten später die Wirksamkeit der Maßnahmen.

Dagegen nahmen die Alliierten wie selbstverständlich an, dass ihr Gegner das Kloster als Festung nutzte. Beobachtungen und deutsche Funksprüche deuteten darauf hin. Dennoch war man zunächst uneins, ob das Kloster zerstört werden sollte. Generalleutnant Freyberg forderte dies vehement und machte den Angriffserfolg seines Korps davon abhängig. Am 13. Februar gewann er das alliierte Oberkommando für sich. Dann wurde das Wetter schlechter und ließ den geplanten Luftangriff auf das Kloster nur noch am 15. Februar zu. Obwohl seine Truppen bis dahin nicht so weit sein konnten, um diesen auch auszunutzen, ließ Freyberg den Dingen ihren Lauf.

Also warfen am 15. Februar 1944 US-Kampfflugzeuge fast 600 Tonnen Bomben auf das Kloster ab; hinzu kam heftiger Artilleriebeschuss. Nur die Krypta blieb intakt, wo der Abt und wenige verbliebene Mönche den Angriff überlebten. Etwa 250 Zivilisten, die aus der Umgebung in das Kloster geflüchtet waren, kamen ums Leben. Sie hatten sich dort sicher gefühlt, obwohl die Alliierten mit Flugblättern vor dem Angriff gewarnt hatten.

Die NS-Propaganda schlachtete die Zerstörung des Klosters für ihre Zwecke aus. Dafür spannte sie den Abt ein, der am 17. Februar die Ruinen des Klosters verlassen konnte. Vor den Kameras und Mikrofonen zeigte sich der Abt dankbar gegenüber den Deutschen, entzog sich dann aber weiterer Vereinnahmung. Von sich aus protestierte der Vatikan gegen die Bombardierung des Klosters, woraufhin sie Präsident Roosevelt als militärisch notwendig rechtfertigte.

Militärisch betrachtet war der Luftangriff vom 15. Februar ein Fehlschlag. Er hatte keinen deutschen, aber viele alliierte Soldaten das Leben gekostet. Die deutschen Positionen in der Umgebung waren unversehrt geblieben. Aus ihnen wehrten Fallschirmjäger die nachfolgenden Bodenangriffe ab. Erst am 20. Februar besetzten sie die Klosterruine und machten aus ihr jenes Bollwerk, das es zuvor in der Einbildung der Alliierten gewesen war.

Die Ruine der Benediktinerabtei Montecassino nach dem schweren alliierten Luftangriff am 15. Februar 1944.

seeland-Korps (NZ-Korps) von Lieutenant-General Sir Bernard Freyberg mit der 2. Neuseeland-Division (NZ-Division) und der 4. Indischen Division. Vor dem Angriff unterlief den Alliierten allerdings eine verheerende Fehleinschätzung. Aus der Luft und mit Artillerie zerstörten sie am 15. Februar die historische Klosteranlage auf dem Monte Cassino. Der Schlag ging ins Leere und ließ die deutschen Stellungen in der Umgebung unbehelligt. Von dort schlugen die Fallschirmjäger alle Angriffe der Inder zurück. Da auch die Angriffe der Neuseeländer am Rapido südlich von Cassino scheiterten, durften sich die Deutschen am Ende der Ersten Cassino-Schlacht auf dem Berg wie in der Stadt als Sieger fühlen.

6.3 Die Zweite Schlacht um Cassino

Mitte Februar 1944 hatte sich die Ausgangslage der Alliierten ins Gegenteil verkehrt: Operation »Shingle«, die zur Unterstützung der Front an Rapido und Garigliano gedacht gewesen war, bedurfte unter dem Druck der deutschen Gegenangriffe nun selbst der Entlastung. Deshalb setzten die Alliierten weiter auf einen Durchbruch bei Cassino. Die Aufgabe übernahm weiterhin hauptsächlich das NZ-Korps.

Freyberg wollte jetzt Cassino im Norden angreifen, wo die Alliierten im Januar am Stadtrand Fuß gefasst hatten. Ansonsten war die Stadt noch ganz in deutscher Hand. Ihrer Einnahme sollte unverzüglich die Eroberung des Monte Cassino folgen. Eine starke Kräftegruppe der 5. US-Armee aus Infanterie und Panzern stellte sich darauf ein, den Erfolg des NZ-Korps zum Vorstoß ins Liri-Tal auszunutzen. Schwere Luftangriffe sowie massiver Artilleriebeschuss auf Cassino sollten den Neuseeländern den Weg bereiten. Starke Schnee- und Regenfälle ab dem 23. Februar durchkreuzten diese Pläne zunächst. Endlich flogen am 15. März, ungestört durch die deutsche Luftwaffe, über 400 Bomber mehrere Angriffswellen gegen Cassino. Von 1000 Tonnen Bomben traf fast die Hälfte das einen halben Quadratkilometer kleine Zielgebiet. Zudem fielen bis zum Abend 200 000 Artilleriegranaten auf die Stadt.

Unter einem der schwersten Bombardements des Weltkriegs verwandelte sich Cassino endgültig in eine Trümmerwüste. Die Einwohner waren längst evakuiert worden und entgingen so diesem Inferno. Erstaunlicherweise hielten sich die Verluste der Verteidiger in Grenzen. Das lag einmal an der geringen Gefechtsstärke der 1. Fallschirmjägerdivision, die inzwischen Stadt und Monte Cassino verteidigte. Die beste deutsche Division in Italien besaß mit 2600 Mann Kampftruppen kaum mehr Regimentsstärke. Das Stadtgebiet, wo man den Hauptangriff nicht erwartet hatte, verteidigte nur ein schwaches Bataillon mit fünf Sturmgeschützen.

Etwa 150 Fallschirmjäger überlebten den Luftangriff in Kellern und Felsenhöhlen, überwanden ihre Benommenheit rasch und brachten das letzte halbwegs intakte Sturmgeschütz in den Ruinen wieder in Stellung. Als Neuseeländer und Inder hinter der Artillerie-Feuerwalze ab 13 Uhr angriffen, trafen sie auf unerwartet heftigen Widerstand. In dem engen Angriffsabschnitt brachten sie ihre große Übermacht nicht zum

Tragen. Vor allem der Großeinsatz von 350 Panzern war in der städtischen Trümmer- und Trichterlandschaft zum Scheitern verurteilt. Die Verteidiger hingegen fanden ein ideales Terrain, um in kleinen Gruppen mit Scharfschützen, Minenfallen und Panzer-Vernichtungstrupps wirksam zu operieren.

Von beiden Seiten mit großer Verbissenheit geführt, tobte der Kampf um die Stadt eine gute Woche. Er wurde zum Sinnbild des gesamten fünfmonatigen Ringens um Cassino. Mit der Zeit gelang es den Neuseeländern, die Fallschirmjäger auf das südwestliche Stadtgebiet zurückzudrängen. Indische Kompanien stießen bis fast zur Klosterruine auf dem Monte Cassino vor. Dann konnten die Fallschirmjäger ihre Lage mit Hilfe von Reserven stabilisieren, allerdings ohne viel Hoffnung, die Stadt noch lange halten zu können. Am 23. März rettete sie Freybergs Einsicht, dass seinen ausgebrannten Verbänden der Durchbruch vorerst versagt bleiben würde. Noch am selben Tage ließ Alexander die Offensive einstellen, obwohl er unter großem Erfolgsdruck durch Churchill stand. Auch die Fallschirmjäger waren am Ende ihrer Kräfte. Seit dem 15. März

Mittelstreckenbomber der US Air Force vom Typ North American B-25 »Mitchell« auf dem Weg zum Einsatz gegen deutsche Stellungen auf dem Monte Cassino, April 1944.

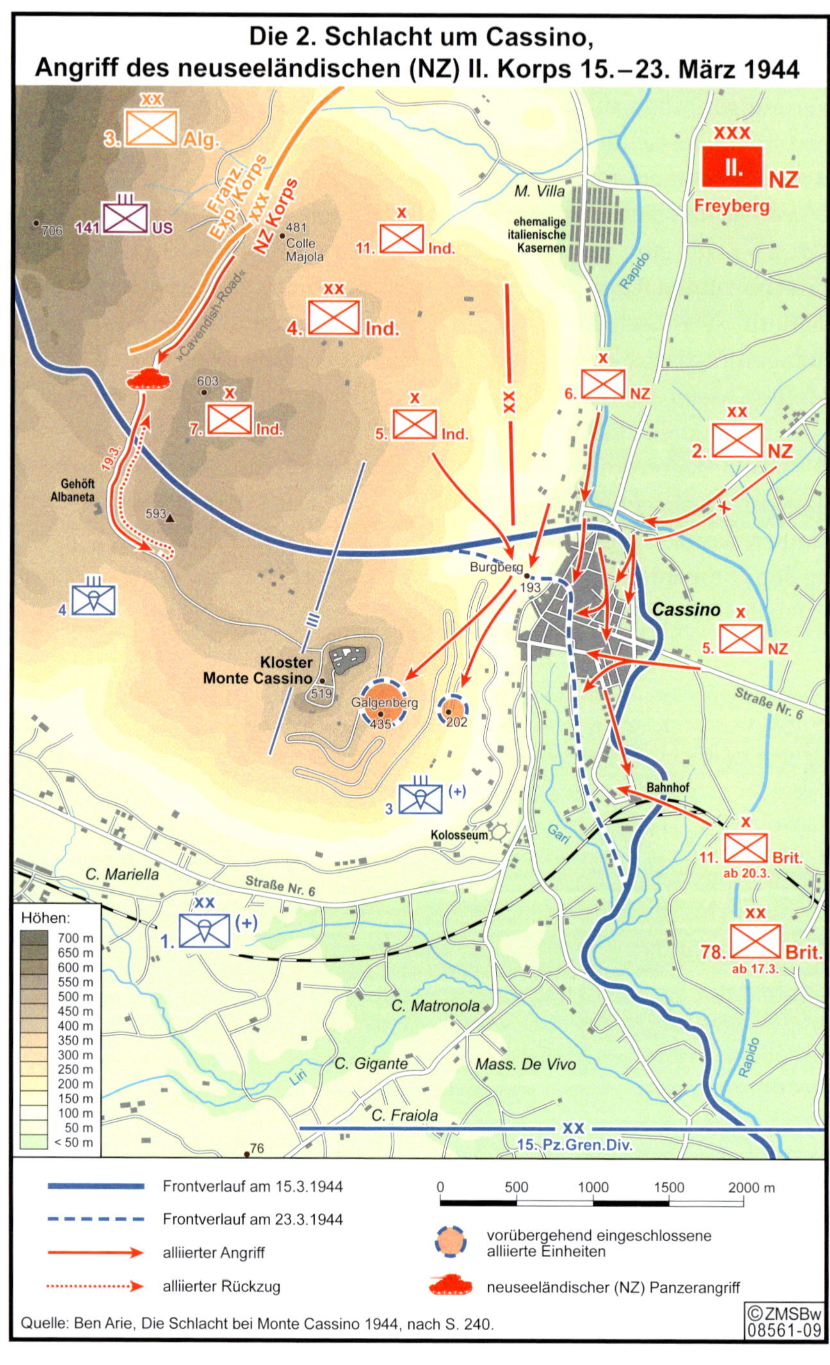
Die 2. Schlacht um Cassino,
Angriff des neuseeländischen (NZ) II. Korps 15.–23. März 1944
XX
3. Alg.
141 US
706
Franz. Exp. Korps
XXX
NZ Korps
481
Colle Majola
11. Ind.
M. Villa
ehemalige italienische Kasernen
XXX
II. NZ
Freyberg
Rapido
XX
4. Ind.
»Cavendish-Road«
603
7. Ind.
5. Ind.
6. NZ
XX
2. NZ
19.3.
Gehöft Albaneta
593
Burgberg
193
4
Cassino
5. NZ
Kloster Monte Cassino
519
Galgenberg
435
202
Straße Nr. 6
3
(+)
Bahnhof
Kolosseum
Gari
11. Brit.
ab 20.3.
C. Mariella
Straße Nr. 6
1.
(+)
78. Brit.
ab 17.3.
C. Matronola
C. Gigante
Mass. De Vivo
Liri
Rapido
C. Fraiola
15. Pz.Gren.Div.
76
Höhen:
700 m
650 m
600 m
550 m
500 m
450 m
400 m
350 m
300 m
250 m
200 m
150 m
100 m
50 m
< 50 m
Frontverlauf am 15.3.1944
Frontverlauf am 23.3.1944
alliierter Angriff
alliierter Rückzug
0
500
1000
1500
2000 m
vorübergehend eingeschlossene alliierte Einheiten
neuseeländischer (NZ) Panzerangriff
Quelle: Ben Arie, Die Schlacht bei Monte Cassino 1944, nach S. 240.
©ZMSBw
08561-09

hatten sie jeden zweiten Mann verloren. Die Verluste des NZ-Korps waren mit über 3000 Toten, Verwundeten und Vermissten noch höher.

Viele damals Beteiligte bezeugten, dass sich beide Seiten trotz aller Härte des Kampfes von den Grundsätzen des Kriegsvölkerrechts leiten ließen. Wiederholt wurden lokale Feuerpausen zur Bergung von Verwundeten vereinbart, wobei man sich gegenseitig unterstützte. Gefangene wurden grundsätzlich gut behandelt. Auch fand die soldatisch-militärische Leistung bei der jeweiligen Gegenseite aufrichtige Anerkennung. Demnach hatten etwa die deutschen Fallschirmjäger »einen brillanten Verteidigungserfolg« errungen.

Die Alliierten teilten sich nun mit den Deutschen den Besitz von Cassino. Letztere behaupteten weiterhin den Südwesten der Stadt mit dem Zentrum. Vor allem saßen sie unverändert fest in ihren Stellungen auf dem Monte Cassino und den Höhenzügen dahinter. General von Senger, für den Südabschnitt der »Gustav«-Front verantwortlich, machte sich jedoch keine Illusionen: Auf Dauer waren die Alliierten nicht aufzuhalten.

6.4 Die Dritte Schlacht um Cassino

Schon während der Zweiten Cassino-Schlacht plante General Alexander die nächste Großoffensive (Operation »Diadem«). In das NZ-Korps und die 5. US-Armee setzte er keine große Hoffnung mehr. Um die Front des XIV. Panzerkorps endlich aufzubrechen, konzentrierte er nun fast alle Kräfte südlich des Apennins. Die »Allied Armies in Italy« (AAI), wie die 15th Army Group jetzt hieß, wurden entsprechend umgegliedert: Die britische 8. Armee ließ an der Adria ein Korps zur Sicherung zurück, löste die US-Armee im Cassino-Abschnitt ab und wurde dort mit dem kanadischen I. und dem polnischen II. Korps erheblich verstärkt. Letzteres war 1943 mit britischer Hilfe im Irak aus Exil-Polen aufgestellt worden. Die 5. US-Armee übernahm mit nur zwei Korps, darunter das französische, den schmalen Frontabschnitt am Garigliano und konnte dafür ihr Korps im Anzio-Brückenkopf auf eine kleine Armee verstärken.

Vor dem Beginn von »Diadem« erhielt US-Lieutenant General Ira C. Eaker reichlich Zeit, um mit einer Luftoffensive eine Vorentscheidung

Jagdflugzeuge auf dem Kriegsschauplatz Italien 1943–1945

ITALIEN/DEUTSCHLAND

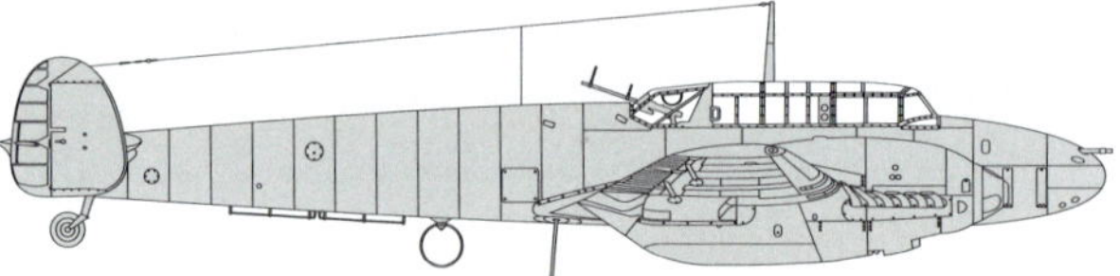

Messerschmitt Bf 110

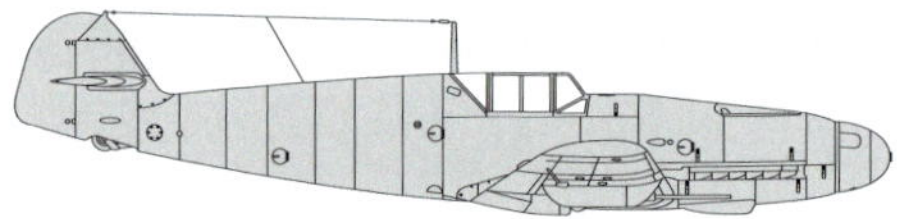

Messerschmitt Bf 109 *

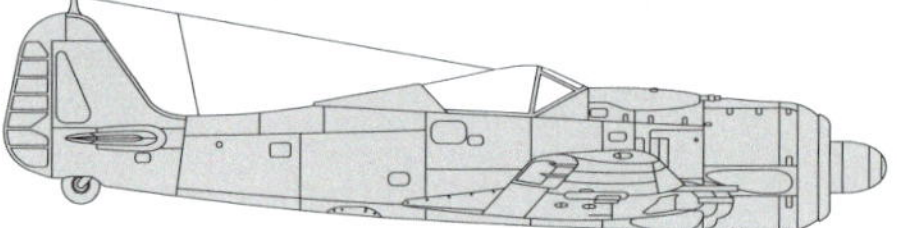

Focke-Wulf Fw 190

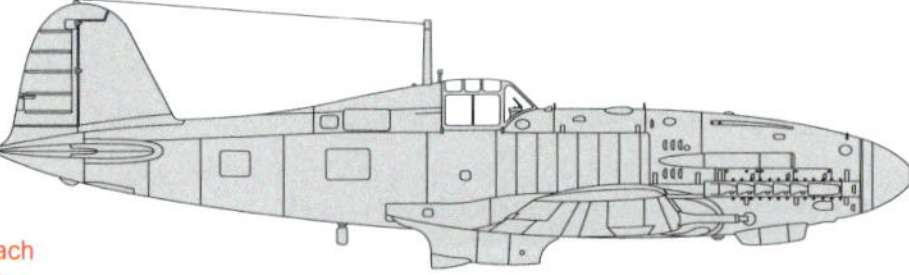

Fiat G.55 Centauro *

* Diese Flugzeugtypen wurden nach dem Waffenstillstandsabkommen zwischen Italien und den Alliierten von beiden Kriegsparteien eingesetzt (auf alliierter Seite jedoch nur in geringen Stückzahlen).

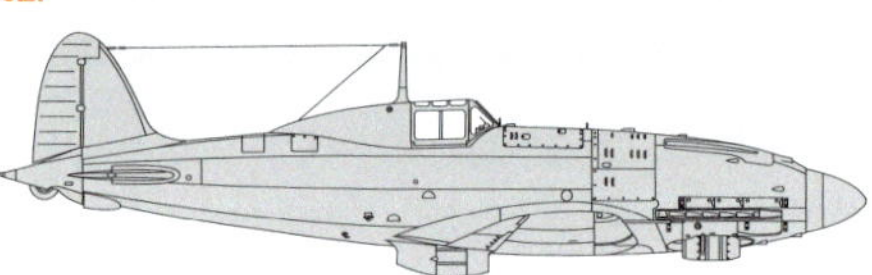

Macci MC 205 Veltro *

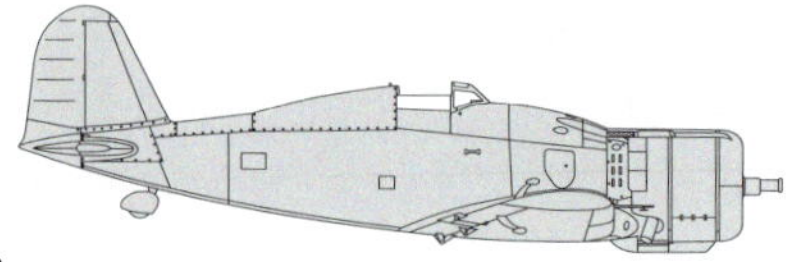

Fiat G.50 Freccia *

Anmerkung:
Bei den hier dargestellten Flugzeugtypen handelt es sich um eine Auswahl ohne Anspruch auf Vollzähligkeit.

GROSSBRITANNIEN/USA

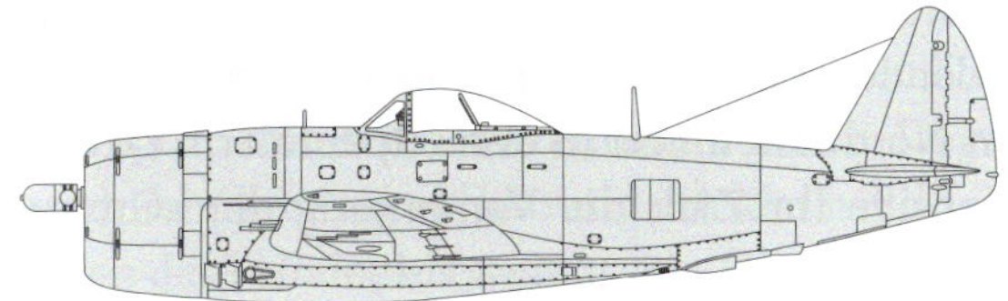

Republic P-47 Thunderbolt

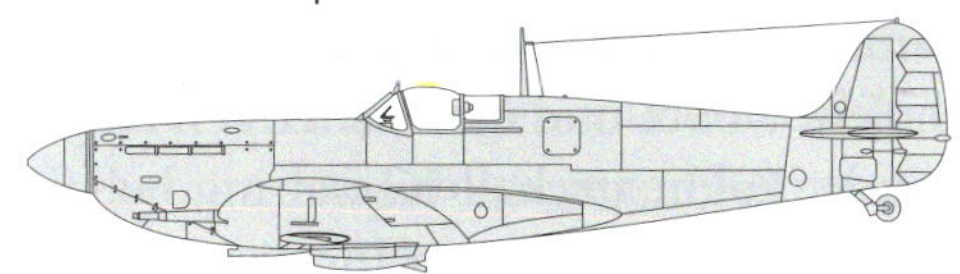

Supermarine Spitfire

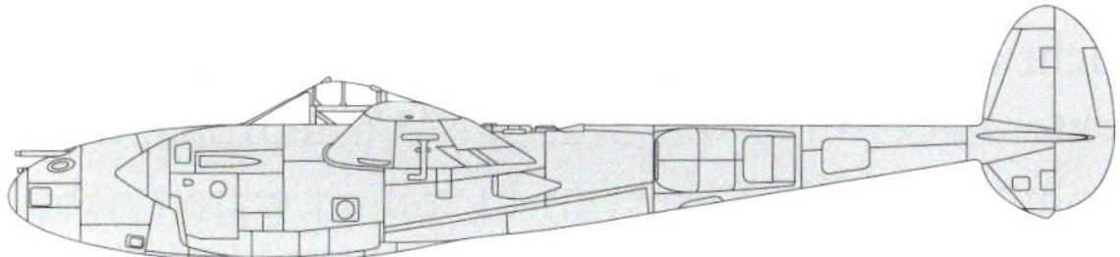

Lockheed P-38 Lightning

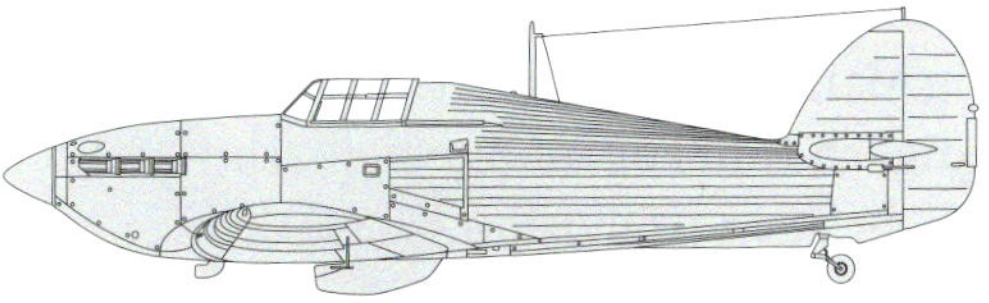

Hawker Hurricane

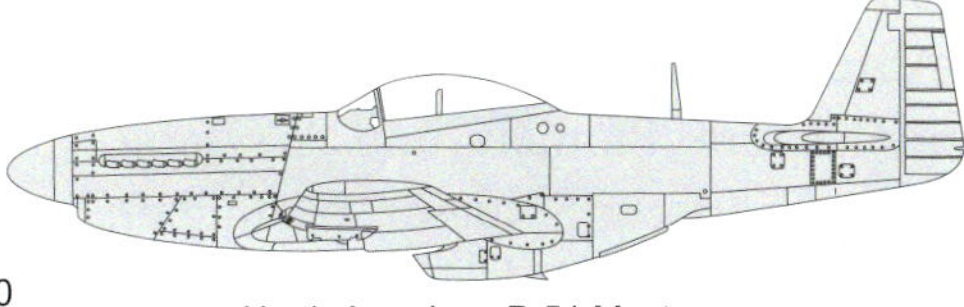

North American P-51 Mustang

Maßstab 1:150

1 2 3 4 5 m

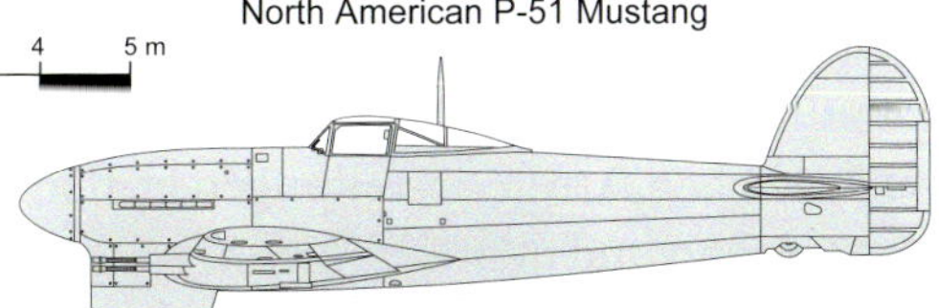

Hawker Typhoon

rung der deutschen Reserven und die Lage der deutschen Hauptquartiere in Mittelitalien. Letztere wurden zu Beginn von »Diadem« das Ziel massiver Luftangriffe und fielen über Stunden aus.

Die Alliierten hatten dazugelernt und auf ganzer Front gleichzeitig angegriffen. Dennoch wurden ihre Erwartungen anfangs fast überall enttäuscht. Die Versuche der Polen, die Stadt und den Monte Cassino einzunehmen, scheiterten am 11./12. Mai verlustreich an den deutschen Fallschirmjägern und Panzergrenadieren. Durchschlagenden Erfolg erzielten nur die Franzosen gegen die überdehnte Front der 71. Infanteriedivision am Garigliano. Am 15. Mai löste sich die Division bereits auf, ihre Nachbardivision wurde mitgerissen. Zu spät gab Kesselring seine Reserven frei, weil er mit alliierten Angriffen bei Anzio und an der Küste nördlich von Rom rechnete. Der alliierte Angriffsdruck brachte bald die ganze »Gustav«-Front südlich von Cassino ins Wanken. Die Fallschirmjäger in und oberhalb von Cassino drohten abgeschnitten zu werden. Als Kesselring hinter den Briten auch noch das kanadische Korps angriffsbereit entdeckte, blieb ihm keine Wahl mehr. Um die Front vor dem Kollaps zu retten, ließ er die 10. Armee am 17. Mai auf die »Senger-Linie« ausweichen. Dem XIV. Panzerkorps war damit wenig geholfen. Der aus dem Urlaub zurückgeeilte General von Senger hatte alle Mühe, den Rückzug des Korps nicht in wilde Flucht ausarten zu lassen.

Dagegen wollten die Fallschirmjäger ihre Stellungen, die sie gerade erst unter großen Opfern verteidigt hatten, nicht aufgeben. Erst als Kesselring persönlich eingriff, gehorchten sie in der Nacht zum 18. Mai; die verbliebenen 1000 Mann schlugen sich über die Berge nach Westen durch. Die nachsetzenden Polen stießen daher ins Leere, wo sie an den Tagen zuvor blutig zurückgeschlagen worden waren. So wehte schließlich am 18. Mai 1944 über der Stadt Cassino die britische und über Montecassino die polnische Flagge. Mit der Dritten Cassino-Schlacht war der Kampf um die »Gustav-Linie« zu Ende gegangen. Manch älteren Soldaten erinnerte die Materialschlacht mit ihren erbitterten Nahkämpfen an den Stellungskrieg des Ersten Weltkrieges. Die Alliierten hatte der fünfmonatige Kampf über 50 000, die Deutschen 20 000 gefallene, verwundete oder vermisste Soldaten gekostet.

6.5 Alliierter Durchbruch bei Cassino und Vorstoß auf Rom

Mit dem Fall der »Gustav-Linie« war der Damm gebrochen; den Alliierten stand nun der Weg nach Mittelitalien offen. Die Deutschen hofften zunächst noch, den Gegner an der »Senger-Linie« aufzuhalten, die im Liri-Tal sogar mit 18 fest eingebauten Panzertürmen befestigt war. Es fehlte aber Personal, um die Stellungen ausreichend zu besetzen. Zudem begann sich der rechte Flügel der 10. Armee unter dem Angriff von Amerikanern und Franzosen aufzulösen. Um die Front dort zu stabilisieren, war Kesselring genötigt, die relativ ruhige Adria-Front weitgehend von Truppen zu entblößen und den Einschließungsring um Anzio zu schwächen. Auch Hitler sah die Lage als dramatisch an. Zur Rückendeckung ließ er OKW-Reserven und über 100 weitere Kampfpanzer »Panther« und »Tiger« nach Norditalien verlegen.

Dessen ungeachtet durchstießen Amerikaner und Franzosen am 21./22. Mai die Front des XIV. Panzerkorps und brachten mit Pico und

Nach dem alliierten Durchbruch bei Cassino: Soldaten des französischen Expeditionskorps passieren bei Pontecorvo eine außer Gefecht gesetzte deutsche Panzerjäger-Selbstfahrlafette vom Typ »Marder II«, Ende Mai 1944.

Terracina bald zwei Angelpunkte der »Senger-Linie« in ihre Hand. Alexanders Befehl, nun mit aller Kraft die im Liri-Tal hart kämpfenden Briten zu unterstützen, kam Clark nicht nach. Unzufrieden mit seiner Nebenrolle bei »Diadem« und angespornt vom Erfolg seiner Armee, hatte ihn erneut der Ehrgeiz gepackt, Rom vor dem Verbündeten zu erreichen.

Auch ohne Clarks Hilfe gelang es den Allied Armies bald, die Blockaden im Liri-Tal und bei Anzio zu überwinden. Am 23. Mai 1944 griff die britische Armee mit aller Macht erneut an. Tags darauf eroberten die Kanadier Pontecorvo um den Preis ihrer schwersten Tagesverluste in Italien; am 25. Mai fielen die letzten Stützpunkte der »Senger-Linie«. Innerhalb von zwei Wochen hatte die 10. Armee weitere 10 000 Mann verloren. Da erwuchs ihr im Rücken schon eine neue große Gefahr: Das VI. US-Korps, nun unter Major General Lucian K. Truscott, hatte gleichzeitig mit den Briten aus dem Anzio-Brückenkopf angegriffen, um die 10. Armee in die Zange zu nehmen und ihr den Rückzug auf Rom abzuschneiden.

Truscott konnte nicht nur Zeit und Ort des Angriffs bestimmen, sondern diesbezüglich auch das deutsche Oberkommando täuschen, das mit einem direkten Vorstoß auf Rom rechnete. Sein Korps war Mackensens 14. Armee klar überlegen. Massiv unterstützt von Artillerie, Schiffsartillerie und Luftwaffe brachen am 24./25. Mai drei US-Divisionen am deutschen Bollwerk Cisterna vorbei in Richtung Valmontone durch. An der Küste bei Borgo Grappa stießen die Spitzen des VI. auf jene des II. US-Korps. Das vereinte die 5. US-Armee wieder und schloss die alliierte Front.

Kein Wunder, dass in Kesselrings Hauptquartier Krisenstimmung herrschte. Eilig formierte General Herr die Reste seines LXXVI. Panzerkorps am Südostrand der Albaner Berge, wo die letzte deutsche Widerstandlinie vor Rom verlief. Obwohl sie kaum ausgebaut war, wollte Hitler die »C-Linie« um jeden Preis halten. Kesselring aber musste erst einmal Truscotts Vorstoß stoppen, um der 10. Armee den Rückzugsweg in die »C-Linie« offenzuhalten. Um die Frontlücke vor Valmontone zu schließen, mobilisierte er seine letzten Reserven in Ligurien und der Toskana; aber nur die Vorauskräfte der Division »Hermann Göring« trafen noch rechtzeitig ein.

Die brüchige deutsche Front hätte einem entschlossenen Angriff der 5. US-Armee kaum standgehalten. Da rettete Clark am 25. Mai unfrei-

Das Ende des ›Bollwerks‹ Cisterna, Mittelpfeiler des deutschen Einschließungsrings um den alliierten Brückenkopf von Anzio. Soldaten der 362. Infanteriedivision ergeben sich den eindringenden US-Truppen, hier der Besatzung eines leichten Panzers vom Typ M3 »Stuart«, 25. Mai 1944.

willig die Deutschen aus ihrer prekären Lage. Eigenmächtig setzte er den Angriff auf Valmontone mit nur einer Division fort und ließ seine Hauptmacht direkt auf das 40 Kilometer entfernte Rom vorgehen. Schon länger bezweifelte er, dass Alexanders Plan gelingen und zur Vernichtung der 10. Armee führen würde. Auch haderte er mit Alexander, weil dieser der Einnahme von Rom keinen Vorrang gab. Dagegen hatte ihm US-Generalstabschef George C. Marshall erklärt, dass Rom aus politischen Gründen noch vor Beginn von »Overlord« fallen sollte. Nun sah sich Clark durch seine jüngsten Erfolge berechtigt, Rom vor den Briten einzunehmen. Und wieder ließ Alexander den schwierigen Untergebenen gewähren.

Die neue Stoßrichtung der 5. US-Armee verschaffte den Deutschen an ihrer Achillesferse sofort eine Atempause. Mit Glück konnten die Vorauskräfte der »Hermann Göring« den Gegner südlich von Valmontone stoppen. Doch nun drohte die 10. Armee im Liri-Tal vom französischen Korps abgeschnitten zu werden. Ihr Rückzugskorridor wurde immer enger, weil Hitler einen schnellen Rückzug auf die »C-Linie« ablehnte. Am besten hielten sich die Deutschen noch am Südrand der Albaner Berge, wo Clarks linker Flügel vergeblich gegen den rechten Flügel der 14. Armee anrannte. Clark fürchtete schon die Blamage, auf Hilfe durch die britische Armee warten zu müssen. Da fanden die Amerikaner am 31. Mai bei Velletri eine deutsche Schwachstelle und brachen tief in die »C-Linie« ein. Kesselring machte Mackensen deshalb heftige Vorwürfe, was ihr Verhältnis endgültig ruinierte. Bald darauf wurde Mackensen durch General Joachim Lemelsen ersetzt.

Der 5. US-Armee war der Erfolg nun nicht mehr zu nehmen. In aussichtsloser Lage zog sich das LXXVI. Panzerkorps von General Herr nach Norden in die Ausläufer des Apennins zurück. Fast ungehindert stieß das II. US-Korps entlang der Via Casilina und über die Albaner Berge vor. Von Frascati aus sahen die GIs am 3. Juni Rom schon in der Ferne liegen. Am Vortag hatte Kesselring die sofortige Räumung Roms beantragt, weil weder eine Verteidigung im Vorfeld noch ein Kampf in der Stadt möglich und ratsam schien. Das OKW gab ihm grünes Licht unter der Auflage, den Rückzug der 14. Armee durch Rom sicherzustellen.

Kesselrings anderes Sorgenkind war die 10. Armee. Um den Anschluss nicht zu verlieren, musste sie sich schleunigst von der britischen Armee im Sacco-Tal lösen. Da der direkte Weg über Valmonte versperrt war, blieb ihr nur der beschwerliche Rückzug über die Südausläufer der Abruzzen. Auf diese Weise ließ sich Rom in großem Abstand umgehen und der 5. US-Armee ausweichen. Danach wollte die 10. Armee nördlich von Rom mit der 14. Armee wieder eine geschlossene Front bilden. Unter Führung von Stabschef Fritz Wentzell anstelle des schwer erkrankten Vietinghoff gelang all dies überraschend problemlos.

Für die 14. Armee gestaltete sich der Rückzug hinter den Tiber ungleich schwieriger, weil sie stärker dem Druck der 5. US-Armee ausgesetzt war. Durch ihn wurde sie sogar aufgespalten. Das I. Fallschirmkorps konnte sich ab dem 2. Juni von den Albaner Bergen über und durch Rom auf das Westufer des Tiber retten. Dagegen wurde das zerschlagene LXXVI. Panzerkorps so weit nach Norden abgedrängt, dass ihm nur der Rückzug über den Fluss Aniene östlich von Rom blieb. Bei Tivoli fand es Anschluss an die 10. Armee und wurde dieser unterstellt.

6.6 Die Alliierten am Zwischenziel: Rom

Die Spitzen der 5. US-Armee überschritten am 4. Juni kurz nach Tagesanbruch die südliche und östliche Stadtgrenze von Rom. Ohne den Gegner stellen zu können, blieben sie ihm dicht auf den Fersen. Er sollte daran gehindert werden, die 17 Tiber-Brücken hinter sich zu zerstören, auf die der alliierte Vormarsch angewiesen war. Vorausabteilungen stießen in der Stadt vereinzelt auf deutsche Nachhuten, wurden aber nicht lange aufgehalten. Ohne große Verluste retteten sich die Deutschen über den Tiber, und zwar ohne die Brücken hinter sich zu zerstören, weil deren Bewunderer Hitler es verboten hatte. Bis Mitternacht nahmen die Alliierten ganz Rom östlich des Flusses mitsamt den Tiber-Brücken in Besitz.

Triumphaler Einzug der Alliierten in Rom: Die Fahrzeugkolonne des Oberbefehlshabers der 5. US-Armee ist auf dem Petersplatz angekommen. Lieutenant General Mark W. Clark, im Jeep auf dem Beifahrersitz, unterhält sich mit einem katholischen Priester, 5. Juni 1944.

Die »offene Stadt« Rom

Mit dem Kriegsvölkerrecht entstand im 19. Jahrhundert der Gedanke des Schutzes von nicht verteidigten Siedlungen. Erstmals verbot die Haager Landkriegsordnung von 1899 jeden Angriff auf sie. Praktische Bedeutung gewann dies in den Weltkriegen des 20. Jahrhunderts. Manch größere Stadt wurde zur »offenen Stadt« erklärt, um dem nahenden Gegner zu bedeuten, dass sie nicht verteidigt war und Schutz genießen sollte. Auch für Städte weit hinter der Front forderte man diesen Schutz, um feindliche Luftangriffe abzuwenden.

Rom erlebte beide Varianten. Am 14. August 1943 erklärte die italienische Regierung Rom zur *città aperta*, nachdem die Alliierten die Stadt gerade ein zweites Mal bombardiert hatten. Diese forderten daraufhin ihre völlige militärische Neutralisierung. Da dies unterblieb, verweigerten sie den gewünschten Status und flogen weitere Luftangriffe gegen die Stadt, die allerdings das Stadtzentrum weitgehend aussparten.

Nach der alliierten Landung bei Anzio Anfang 1944 trafen die Deutschen Vorkehrungen, die nun vom Landkrieg bedrohte Stadt zu räumen, wobei sie diesmal auch an den Schutz von Bevölkerung und Kunstdenkmälern dachten. Auf Wunsch des Papstes entmilitarisierten sie Rom im März 1944 weitgehend, um den Alliierten keinen Grund für Luftangriffe zu geben. Die machten eine Anerkennung als »offene Stadt« vom deutschen Rückzug aus Rom abhängig und wollten jeden militärischen Widerstand dort angemessen bekämpfen.

Als die Deutschen Ende Mai 1944 einen Kampf um die Stadt ausschlossen, setzte sich Feldmarschall Kesselring erneut für die Anerkennung Roms als »offene Stadt« ein. Dabei spielten auch humanitäre Motive eine Rolle. Verhandlungen mit dem Gegner durfte er jedoch erst aufnehmen, als der deutsche Rückzug durch Rom nicht mehr gefährdet war. Die Alliierten gingen auf sein Angebot nicht ein, hätte es ihnen doch verwehrt, Rom militärisch zu nutzen, was die Deutschen gerade ausgiebig zu ihrem Vorteil getan hatten. Also erhielt Rom nie den rechtlich verbindlichen Status einer »offenen Stadt«.

Der italienische Regisseur Roberto Rossellini (1906–1977) setzte seiner Heimatstadt 1945 mit dem Spielfilm *Roma città aperta* ein Denkmal. Ihm ging es aber nicht um die Problematik der »offenen Stadt«. Der Film spielt in Rom nach der deutschen Machtübernahme am 10. September 1943 und handelt von einer italienischen Widerstandsgruppe, die Opfer des deutschen Polizeiregimes wird.

Frühe Vergangenheitsbewältigung: Plakat für den italienischen Spielfilm *Roma città aperta* (›Rom, offene Stadt‹) aus dem Jahr 1945 unter der Regie von Roberto Rossellini.

In letzter Minute hatte sich Feldmarschall Kesselring um eine Vereinbarung mit den Alliierten bemüht, wonach Rom als »offene Stadt« anerkannt werden sollte. Die gingen aus guten Gründen nicht darauf ein. Dennoch wurde Rom nicht zum Schlachtfeld, weil die Deutschen die Stadt praktisch kampflos aufgaben und weil die Alliierten sich bei der Verfolgung zurückhielten. Anders als in Neapel erhoben sich die Einwohner nicht gegen die abziehenden Deutschen, obwohl Alexander über den Rundfunk dazu aufgerufen hatte. Erst am 5. Juni strömten sie auf die Straßen und begrüßten ihre Befreier. Am Vormittag hielt Clark Einzug und versammelte seine Kommandeure zur Besprechung im Rathaus auf dem Kapitol.

Im Unterschied zu den Amerikanern fiel der Siegesjubel unter den Briten gedämpfter aus. Sie waren schlecht auf Clark zu sprechen, weil er weder britische Verbände an der Einnahme Roms beteiligt noch ihren Beitrag zur Operation »Diadem« öffentlich gewürdigt hatte. Auch sah man in London das Hauptziel nicht erreicht, waren doch beide deutschen Armeen entkommen. Zwei Tage später zog die Landung in der Normandie alle Aufmerksamkeit auf sich und ließ die Misstöne verstummen.

Ernüchternd war die Verlustbilanz der vergangenen vier Wochen: Die Alliierten beklagten 40 000 Tote, Verwundete und Vermisste; davon entfielen fast drei Viertel auf die 5. US-Armee und ihr französisches Kontingent. Mit 38 000 Mann zählten die Deutschen fast doppelt so viele Verluste wie im Kampf um die »Gustav-Linie«, der viermal so lange gedauert hatte. Damit war fast jeder vierte deutsche, aber nur jeder zwölfte alliierte Soldat ausgefallen. Ein Umstand bereitete den Deutschen besondere Sorge: Relativ wenige »Landser« waren gefallen; sehr viele wurden vermisst, waren also meist in Gefangenschaft geraten. Hatte etwa die Kampfmoral nachgelassen? Es häuften sich Klagen über zu wenig und schlecht ausgebildeten Personalersatz. Offenbar war man vom »letzten Aufgebot« nicht mehr weit entfernt. Auch der deutsche Materialersatz stand vor einer Herausforderung, nachdem die Hälfte der Panzer und Geschütze auf den Schlachtfeldern zwischen »Gustav-Linie« und Tiber geblieben war.

6.7 Deutscher Rückzug aus Mittelitalien

Anfang Juni 1944 räumten Feldmarschall Kesselring und sein Stab ihr Hauptquartier im Monte Soratte nördlich von Rom. Man rechnete damit, erst wieder im Nördlichen Apennin genügend natürlichen Rückhalt für eine dauerhafte Verteidigung zu finden. Solange die Wehrmacht die wenigen Passstraßen der bis zu 2000 Meter hohen Gebirgskette kontrollierte, blieb dem Gegner der Zugang nach Norditalien verwehrt. Der Rückzug dorthin sollte den Angreifer möglichst lange aufhalten, um Zeit für den Ausbau von Apennin-Stellungen zu gewinnen. Mit Blick auf die Erfahrung mit der »Gustav-Linie« war man zuversichtlich, sich in einer neuen starken Defensivlinie erneut in und über den nächsten Winter retten zu können.

Hitler hielt weiter am Krieg in Italien fest, weil dieser starke Kräfte des Gegners band und die Alliierten im Süden vom Reich fernhielt. Nicht zuletzt ging es ihm um die wirtschaftlichen Ressourcen Norditaliens. Er billigte daher Kesselrings Plan und ordnete am 2. Juni den »beschleunigten, festungsmäßigen Ausbau der Apennin-Stellung an«, anfangs noch »Goten-Stellung« bzw. »Goten-Linie« genannt. Einige Tage später ließ er sie in »Grüne Linie« umbenennen, wahrscheinlich um die Erinnerung an den Untergang der Goten in der Spätantike zu vermeiden. Inoffiziell aber sprach man weiter von der »Goten-Linie«.

Die bereits im Herbst 1943 projektierte Linie verlief von der Küste Liguriens bei Massa-Carrara bis zur Adriaküste bei Pesaro und folgte dabei meist dem Apennin-Hauptkamm. Wo die Natur als Hindernis nicht ausreichte, sollten alle wichtigen Punkte befestigt werden. Lange bremste der Vorrang der Verteidigungslinien südlich von Rom das Vorhaben aus. Auch entstanden unzweckmäßige Anlagen, weil die ausführende »Organisation Todt« militärfachlich ungenügend angeleitet und überwacht wurde. Anfang Juni 1944 ließ der Ausbau in der Mitte zu wünschen übrig, wo über den Futa- und Giogo-Pass der kürzeste Weg von Mittel- nach Norditalien führte, weshalb dort der alliierte Hauptangriff drohte. Daneben lud weiterhin der flache Adriaabschnitt zum Durchbruch in die Po-Ebene ein. Eilends wurden nun Sperranlagen und Stellungsbauten errichtet, stellenweise sogar mit Panzertürmen verstärkt. Nur noch erkundet wurde im August 1944 eine »Grüne Linie 2« mit zusätzlichen Auffangstellungen hinter den besonders gefährdeten Abschnitten.

Vom neuen Hauptquartier bei Pistoia hatte Kesselring den Ausbau der »Goten-Linie« gut im Blick. Noch aber beanspruchte ihn das Geschehen 250 Kilometer südlich davon. Die Existenz seiner Heeresgruppe C hing davon ab, dass es gelang, mit der 10. und 14. Armee wieder eine geschlossene Front zu bilden. Zu diesem Zweck sollten sich beide Armeen zunächst auf die »Dora-Linie« 100 Kilometer nördlich von Rom zurückziehen. Alle Bewegungen wurden durch Treibstoffmangel und alliierte Luftwaffe stark behindert, zumal die Brücken über den mittleren Tiber durch alliierte Luftangriffe zerstört waren.

Tatsächlich konnte sich die 14. Armee bis zum 9. Juni in die »Dora-Linie« retten, weil die 5. US-Armee ihrerseits durch Reorganisation und Logistikprobleme gebremst wurde. Östlich des Tibers hielt die 10. Armee im für sie vorteilhaften Gelände die britische 8. Armee gut in Schach. Dennoch erfüllte sich die mit der »Dora-Linie« verbundene Absicht nicht, weil der deutsche Rückzug unterschiedlich schnell verlief. Kaum hatte die 14. Armee die Linie erreicht, musste sie den nachdrängenden Alliierten weichen. Das zwang auch die 10. Armee zum Rück-

Fest im Erdboden verankerte drehbare Panzertürme verstärken Schlüsselpositionen deutscher Verteidigungslinien. Im Bild deutsche Offiziere bei der Inspektion eines »Panther«-Geschützturms der »Goten-Linie« im Adria-Abschnitt, Juni/Juli 1944.

zug, obwohl sie sich östlich des Tibers erfolgreich schlug. Um den Anschluss nicht zu verlieren, musste das die Briten an der Adria vor Pescara blockierende Korps ebenfalls seine Position aufgeben. Es wich über 100 Kilometer entlang der Küste zurück, um endlich vor Ancona den östlichen Eckpfeiler der neuen »Frieda-Albert-Linie« zu bilden.

Die Verstärkungen für die 14. Armee sowie Druck aus dem »Führerhauptquartier« sorgten dafür, dass die Heeresgruppe C auch westlich des Apennins entlang der »Frieda-Albert-Linie« – auf Höhe des Trasimenischen Sees – endlich zum Stehen kam. Eigentlich beabsichtigte Kesselring eine bewegliche Kampfführung, um die Truppe für den Hauptkampf an der »Goten-Linie« zu schonen. Hitler aber setzte zunehmend auf starre Verteidigung, seitdem er überall in die Defensive geraten war. Zudem wollte er mehr Zeit für den Ausbau der »Goten-Linie« gewinnen. Als ihm berichtet wurde, Kesselring plane wegen des starken Feinddrucks einen zügigen Rückzug auf die »Goten-Linie« bis Ende Juni, reagierte Hitler scharf. Am 14. Juni befahl er, spätestens die »Frieda-Albert-Linie« entschlossen zu verteidigen.

Obwohl Kesselring sofort einlenkte, setzte die Realität dem »Führerwillen« klare Grenzen. Das zeigte sich bald im Küstenstreifen der südlichen Toskana. Dort befehligte General von Senger den schwächsten Abschnitt in der deutschen Front, weil ihm zur Hälfte irreguläre Verbände unterstanden. Als ab dem 17. Juni französische Truppen die Insel Elba einnahmen, wurde seine Lage an diesem Ende der »Frieda-Albert-Linie« so unhaltbar, dass sogar Hitler ihre Aufgabe dort genehmigte. Die Furcht vor Seelandungen im Rücken der Front lebte neu auf und zersplitterte die deutschen Kräfte. Eine andere Gefahr ging von Angriffen italienischer Partisanen aus. Sie behinderten die deutsche Kriegführung schon lange, wurden aber erst in der Toskana zur ernsten Gefahr für die Verbindungs- und Versorgungswege.

Schließlich hatten die Alliierten überall zur »Frieda-Albert-Linie« aufgeschlossen und drängten die Deutschen auf breiter Front nach Norden zurück. Am 3. Juli nahmen die Franzosen das von den Deutschen geräumte Siena ein; Kesselring hatte den Kampf um die an Kunstschätzen reiche Stadt verboten. Bereits am 1. Juli war er mit den Armeeführern übereingekommen, dass es nicht so weitergehen konnte. Der zunehmende Verschleiß der Truppe ließ eine Verteidigung der »Goten-Linie« langsam unrealistisch werden. Mit dieser Botschaft flog er zu

Italienische Partisanen in Florenz, nachdem sie den Alliierten gerade geholfen haben, die Stadt von deutscher Besetzung zu befreien, August 1944.

Hitler. Der zeigte sich unerwartet verständnisvoll, konnte ihm aber keine Verstärkungen versprechen. Immerhin kehrte Kesselring mit dem Gefühl zurück, wieder das Vertrauen des »Führers« zu besitzen.

Seinen neuen Spielraum für taktische Rückzüge nutzte Kesselring schon bald. Livorno wurde am 19. Juli geräumt und der große Hafen so nachhaltig zerstört, dass die Alliierten fünf Wochen benötigten, um ihn wieder nutzbar zu machen. Zwei Tage zuvor war der Hafen von Ancona unversehrt in britische Hände gefallen, weil Kesselring dort nicht rechtzeitig gehandelt hatte. Mit der Einnahme beider Hafenstädte schufen die Alliierten die logistischen Voraussetzungen für den geplanten Vorstoß nach Norditalien. Zu weit hatten sie sich inzwischen von ihren Hauptnachschubbasen Neapel und Bari entfernt.

Fast überall wichen die Deutschen damals auf die »Heinrich-Linie« zurück, ihre kaum befestigte und letzte Verteidigungslinie vor der »Goten-Linie«, die sich im Westen an den Unterlauf des Arno anlehnte. Dennoch herrschte Erleichterung, weil das Schlimmste ausgeblieben

Nach der Einnahme von Livorno untersucht ein US-Major entschärfte »Tellerminen 42« zur Panzerabwehr, mit denen die Deutschen die Stadt vor ihrem Abzug vermint haben, Juli 1944.

war: Der Einsturz der »C-Linie« hatte nicht zur Vernichtung der Heeresgruppe C geführt, noch hatte man wie befürchtet bereits Ende Juni in der »Goten-Linie« Zuflucht nehmen müssen. Der nun ansteigende Apennin bot gute Chancen, den nachsetzenden Feind aufzuhalten. Optimistisch machte die Deutschen, dass sein Angriff ohnedies ins Stocken geraten war.

6.8 Alliierte Umplanung und Offensive gegen die »Goten-Linie«

Ende Juli 1944 hatten die Alliierten fast ganz Mittelitalien befreit. Die 5. US-Armee war dem Gegner bis zum Arno auf den Fersen geblieben. Am 23. Juli erreichte sie Pisa, dann aber war sie zu erschöpft, um Brückenköpfe über dem Arno zu bilden, wie Alexander forderte. Clark verordnete seiner Truppe eine Pause, die bis Ende August dauerte. Auffrischung und Reorganisation waren in Erwartung harter Kämpfe um die

»Goten-Linie« dringend notwendig, weil die Substanz der Armee durch Truppenabgaben gelitten hatte. Die kamen der Operation »Anvil« (›Amboss‹, später: »Dragoon«, also ›Dragoner‹) zugute, einer für August geplanten Invasion in Südfrankreich zur Unterstützung von »Overlord«. Der Abzug von zwei Korps halbierte die 5. US-Armee bis Mitte Juli. Außerdem verlor sie einen Großteil ihrer Luftunterstützung. All das bewog Clark dazu, diesseits des Arno zur Defensive überzugehen.

Die Alliierten rechneten sich nun keine großen Chancen mehr aus, noch vor dem Winter in die Po-Ebene durchzubrechen. Die Briten

mussten einen Teil der amerikanischen Front übernehmen. Damit wurde auch Florenz ihr Ziel, das Kesselring wegen seiner Kunstschätze einseitig zur »offenen Stadt« erklärt hatte. Florenz sollte nicht verteidigt werden, auch weil seine Einwohner kaum mehr versorgt werden konnten. Das 1. Fallschirmkorps zog sich bis zum 4. August hinter den Arno und drei Tage später ganz aus der Stadt zurück. Gegen Hitlers Verbot ließ General Schlemm alle Arno-Brücken mit Ausnahme der Ponte Vecchio sprengen. Zu stark wirkte die Erfahrung von Rom nach, wo man dem Gegner intakte Brücken hinterlassen und die Verfolgung erleich-

Die Front am Arno mitten in Florenz: Aus der Ruine einer von der Wehrmacht gesprengten Brücke sichert ein deutscher Maschinengewehrposten das Arno-Nordufer gegen die nahenden Alliierten, Anfang August 1944.

tert hatte. Die Alliierten bombardierten Florenz, um den deutschen Rückzug zu stören; doch hielten sich die Schäden in Grenzen.

Längst hatten die Alliierten ihr nächstes großes Ziel ins Auge gefasst: den Durchbruch in die norditalienische Tiefebene. Alexanders Plan vom Juni sah vor, mit beiden alliierten Armeen nebeneinander entlang der Achsen Florenz–Bologna und Pistoia–Modena anzugreifen, also auf kürzestem Weg. Auf diese Weise konnte man auch die deutsche 10. Armee zwischen Apennin, Adria und Po einschließen und vernichten. Ende Juli kamen Lieutenant-General Leese jedoch Zweifel an dem Plan. Schließlich war mit dem Apennin ein beachtliches Naturhindernis zu überwinden, ganz abgesehen von den deutschen »Goten«-Stellungen. Und: Konnte die geschwächte 5. US-Armee ihre Aufgabe noch erfüllen, zumal ohne die im Gebirgskrieg geübten Franzosen?

Den Alternativvorschlag von Leese nahm Alexander umgehend an. Demnach war nun ein Hauptangriff (Operation »Olive«) durch die britische Armee vorgesehen: an der Adriaküste, wo sie in flacherem Gelände ihre Panzerstärke ausspielen konnte. Nach der Einnahme von Rimini sollte sie die deutsche 10. Armee in der Romagna in die Zange nehmen und vernichten. Die 5. US-Armee musste sich mit einem Nebenangriff aus dem Raum Florenz in Richtung Bologna zufriedengeben. Es stellt eine beachtliche organisatorische Leistung dar, wie Leese nun in kurzer Zeit und vom Gegner unbemerkt an der Adria eine Streitmacht versammelte, die dem LXXVI. Panzerkorps von General Herr mehrfach überlegen war.

Der Beginn von »Olive« am 25. August 1944 traf die Deutschen wieder einmal völlig überraschend; die Generale Vietinghoff, Schlemm und Heidrich waren ahnungslos in Urlaub gefahren. Und Kesselring war lange unsicher, ob es sich wirklich um den alliierten Hauptangriff handelte. So konnte die Übermacht aus Briten, Kanadiern und Polen die ›abgemagerten‹ Divisionen von Herr mühelos aus den Stellungen am Fluss Metauro werfen. Mit Hitlers Segen genehmigte Kesselring endlich am 29. August den Rückzug auf die »Goten-Linie« hinter die Foglia.

Im Adria-Abschnitt zeigte die »Goten-Linie« wenig Wirkung. Ihre unfertigen Befestigungen gaben den zurückflutenden Truppen zu wenig Halt. Der Gegner nutzte die Breschen, die seine Bombenteppiche in die deutschen Minenfelder schlugen. Am 31. August brachen Briten und Kanadier an mehreren Stellen durch. In letzter Minute retteten sich die

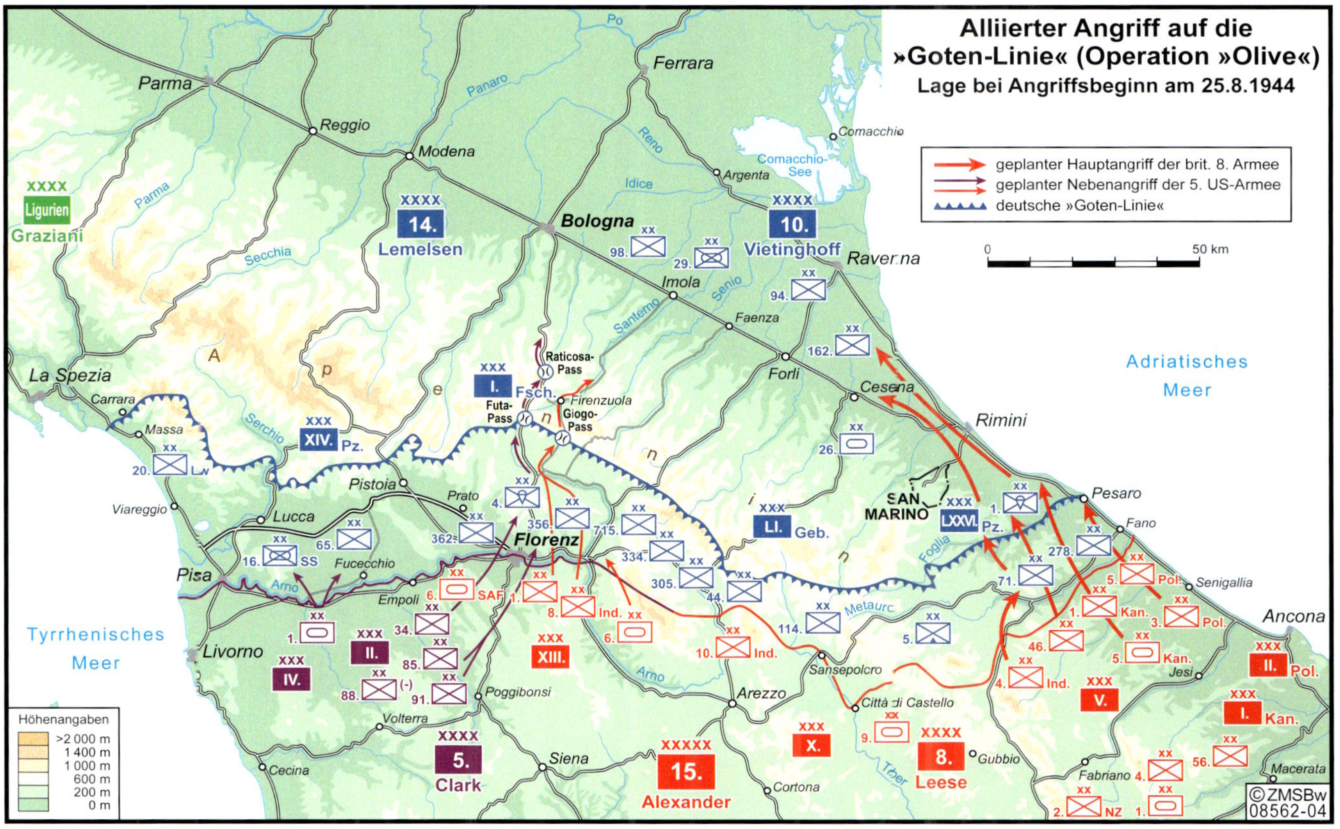

Alliierter Angriff auf die »Goten-Linie« (Operation »Olive«)
Lage bei Angriffsbeginn am 25.8.1944
geplanter Hauptangriff der brit. 8. Armee
geplanter Nebenangriff der 5. US-Armee
deutsche »Goten-Linie«
0
50 km
Adriatisches Meer
Tyrrhenisches Meer
Höhenangaben
>2 000 m
1 400 m
1 000 m
600 m
200 m
0 m
Parma
Reggio
Modena
Bologna
Ferrara
Comacchio
Comacchio-See
Argenta
Ravenna
Imola
Faenza
Forli
Cesena
Rimini
Pesaro
Fano
Senigallia
Ancona
Jesi
Macerata
Fabriano
Gubbio
Città di Castello
Sansepolcro
Arezzo
Cortona
Siena
Poggibonsi
Volterra
Cecina
Livorno
Pisa
Empoli
Fucecchio
Lucca
Viareggio
Massa
Carrara
La Spezia
Pistoia
Prato
Florenz
Firenzuola
Raticosa-Pass
Futa-Pass
Giogo-Pass
SAN MARINO
Po
Panaro
Reno
Idice
Secchia
Parma
Senio
Santerno
Serchio
Arno
Foglia
Metauro
Tiber
A p e n n i n
XXXX Ligurien Graziani
XXXX 14. Lemelsen
XXXX 10. Vietinghoff
XXX XIV. Pz.
XXX I. Fsch.
XXX LI. Geb.
XXX LXXVI. Pz.
20. Lw
16. SS
65.
362.
4.
356.
715.
334.
305.
44.
114.
5.
71.
278.
1.
26.
162.
94.
29.
98.
XXXXX 15. Alexander
XXXX 5. Clark
XXXX 8. Leese
XXX IV.
XXX II.
XXX XIII.
XXX X.
XXX V.
XXX I. Kan.
XXX II. Pol.
1.
88.
91.
85. (-)
34.
6. SAF
1.
8. Ind.
6.
10. Ind.
9.
4. Ind.
46.
1. Kan.
5. Pol.
3. Pol.
5. Kan.
56.
4.
1.
2. NZ
©ZMSBw 08562-04

Fallschirmjäger in Pesaro vor der Einschließung. Kesselrings letzte Hoffnung war bald die »Grüne Linie 2«. Befehl zum Widerstand um jeden Preis erging, doch nichts schien Briten und Kanadier aufhalten zu können. Am 3. September überschritten sie den Fluss Conca, tags darauf auch die faktisch unsichtbare Linie. Der Weg in die Romagna und die Po-Ebene schien ihnen offenzustehen. Kesselring machte sich mit Vorwürfen gegen einige Kommandeure Luft. Wenig später konnte er aufatmen: Meldungen von der Front ließen erkennen, dass der Gegner erlahmte.

Was war geschehen? Generalmajor Wentzell, Stabschef der 10. Armee, hatte am 3. September den gefährlichen weiten Weg von Bologna an die Front gewagt und die Kräfte dort geordnet. Dadurch kamen die deutschen Reserven auf dem Bergrücken von Coriano wirksam zum Einsatz. Bis zum 6. September tobte die Schlacht um dieses Schlüsselgelände unter großen Verlusten beiderseits. Schließlich fehlte dem Angriff der Briten die letzte Kraft, weil ihre 1. Panzerdivision zu spät die Front erreichte. Ab dem 6. September behinderte heftiger Regen die Alliierten so massiv, dass Leese die Offensive abbrach, um einen neuen Anlauf systematisch vorzubereiten.

Auf deutscher Seite wurde damals erwogen, die gesamte Apennin-Stellung vorzeitig aufzugeben und auf den Südrand der Alpen (»Voralpen-Stellung«) zurückzugehen. Entsprechende Pläne mit dem Decknamen »Herbstnebel« versprachen eine Frontverkürzung und die Einsparung von Truppen. Dennoch entschied sich Hitler schließlich dagegen. Zu schwer wog für ihn der Verlust der wertvollen Ressourcen Norditaliens; auch hätten die Alliierten kampflos das Vorfeld zum Angriff auf die südliche Reichsgrenze gewonnen. Außerdem zögerte Hitler, seinen alten Weggefährten Mussolini in Salò fallenzulassen.

Der Wehrmacht blieb nur eine kurze Atempause, denn Alexander sah nun den Moment gekommen, um in der Frontmitte zum geplanten zweiten Schlag auszuholen: mit der 5. US-Armee gegen die geschwächte 14. Armee. Die Alliierten hatten einen Funkspruch Hitlers an Kesselring abgefangen, wonach die deutsche Verteidigung am schwer befestigten Futa-Pass konzentriert war, über den die Hauptstraße von Florenz nach Bologna führte. Das lenkte Clarks Aufmerksamkeit auf den benachbarten Giogo-Pass. Dieser war nur über eine Nebenstraße erreichbar, aber weniger stark verteidigt. Major General Geoffrey Keyes sollte mit dem II. US-Korps gegen beide Pässe vorgehen, sein Glück aber hauptsächlich über den Giogo-Pass versuchen. Sein Angriffsziel jenseits des Apennins war Bologna.

Alexander stimmte den US-Angriff mit dem neuen Anlauf der Briten an der Adria genau ab. Vor allem koordinierte er die Boden- mit der Luftoffensive, um einen Fehlschlag wie im Juni zu verhindern. Damals hatte die Verspätung von »Olive« den Deutschen genug Zeit verschafft, um die durch die vorgeschaltete alliierte Luftoffensive verursachten Schäden auszubessern und den Frontnachschub wieder in Gang zu bringen. Diesmal funktionierte es besser: Ab dem 9. September griffen alliierte Flugzeuge die »Goten-Linie« und die deutschen ›Nervenzentren‹ in der Po-Ebene an; Partisanen machten verstärkt das Hinterland der 14. Armee unsicher. Tags darauf setzte sich die 5. US-Armee auf ganzer Front in Bewegung. Zwei Tage später stieß ihr II. Korps kurz vor der »Goten-Linie« auf starken Widerstand. Zwei US-Divisionen griffen das Fallschirmjägerregiment am Giogo-Pass an. Artillerie und Jagdbomber

Schwere US-Artillerie auf dem Weg zum Futa-Pass im Nördlichen Apennin: Ein Kettentraktor M33 zieht eine Haubitze M1 vom Kaliber 20,3 Zentimeter die Serpentinenstraße hinauf, September 1944.

hielten es in seinen Höhenstellungen nieder, während sich die US-Infanterie durch Minen- und Drahtsperren bergauf arbeitete. Eine andere US-Division fesselte die deutsche Hauptmacht am Futa-Pass.

Kesselring war hilflos, da sich die Lage an der Adria noch kritischer entwickelte. Er nahm daher den Verlust der Pässe in Kauf und vertraute auf die Fähigkeit der 14. Armee, im Gebirge eine neue Verteidigungslinie aufzubauen. So erreichten die Amerikaner am 18. September ihr Ziel: Nach sechs verlustreichen Tagen setzten sie sich am Giogo-Pass durch und konnten nun den Futa-Pass umgehen. Da wich das I. Fallschirmkorps bereits auf neue Positionen 10 Kilometer dahinter aus. Clark konnte also nicht ganz zufrieden sein. Er hatte zwar die »Goten-Linie«, nicht aber die deutsche Front durchbrochen, weil sich diese als elastisch genug erwies. Wie so häufig entzogen sich die Deutschen rechtzeitig der Vernichtung und formierten sich neu zum Widerstand. Ein durchschlagender Erfolg blieb den Alliierten in Italien weiter versagt, weil ihre Kriegführung in Frankreich zu wenig Mittel dafür übrigließ. Vergeblich bat Churchill in Washington um zwei, drei Divisionen mehr für Italien.

↗ Mittelstreckenbomber der US Air Force vom Typ Martin B-26 »Marauder« greifen die deutsche Front in Norditalien an, 1944/45.

7 Der Kampf um Norditalien: September 1944 bis April 1945

7.1 Kämpfe um die Zugänge zur Po-Ebene und britischer Durchbruch an der Adria

Nach dem Fall der »Goten-Linie« glaubten sich die Amerikaner auf der Siegesstraße, weil ihr Gegenüber nicht gleich Halt fand. Ein spontaner Nebenstoß Clarks auf Imola brachte die GIs bereits in Sichtweite der Po-Ebene. Doch bald verwandelte der nasse Herbstbeginn die meist unbefestigten Wege in Morast. Dauerregen und Nebel behinderten die Einsätze der Luftwaffe sowie das Schießen der Artillerie, – und damit vor allem die Alliierten. Langsam begann sich das Blatt zugunsten der Deutschen zu wenden. Zunächst musste Clark den Vorstoß nach Imola aufgeben; Mitte Oktober 1944 kam auch sein Hauptangriff 20 Kilometer vor Bologna bei Livergnano zum Erliegen. Zwei Wochen lang unternahm das II. US-Korps mehrere Anläufe, um die Geländestufe hier zu überwinden, – massiv unterstützt durch Jagdbomber, welche die neuartige Brandwaffe Napalm einsetzten, sowie durch Artillerie, die sogar Bologna unter Fernbeschuss nahm. Bei steigenden Verlusten machten die Amerikaner aber nur wenige Kilometer gegen das I. Fallschirmkorps gut, das bald ebenfalls am Ende seiner Kräfte war.

Entscheidend war schließlich, dass die Deutschen rechtzeitig Verstärkungen in die Schlacht werfen konnten. Weil Kesselring einen feindlichen Durchbruch bei Bologna für gefährlicher hielt als an der Adria, musste selbst die hart bedrängte 10. Armee erhebliche Hilfe leisten. Bald gingen die Deutschen vor Bologna sogar zum Gegenangriff über. Am 22. Oktober sah sich Clark endgültig in die Defensive gezwungen. Die höchsten Tagesverluste seit Salerno stimmten ihn bedenklich, weil man mit dem Personalersatz nicht mehr nachkam. Allein die 88. US-Infanteriedivision zählte seit dem 10. September 5026 Tote, Verwundete und Vermisste, hatte also ein Drittel ihrer Gesamtstärke verloren. Weil Ersatz ausblieb, fehlten am 26. Oktober immer noch 8 Prozent des Personals. Für Clark waren solche Zahlen alarmierend, für deutsche Kommandeure hingegen eher die Regel. Die 90. Panzergrenadierdivision etwa verlor – bei knapp 10 Prozent weniger Sollstärke – allein im Oktober 2466 Mann. Von Mai bis Ende 1944 fehlten ihr ständig zwischen 10 und 15 Prozent ihres Personals.

Ein zäher Gegner, die besorgniserregende Erschöpfung der eigenen Kräfte sowie Munitionsmangel bei der Artillerie – diese Faktoren ließen ab Mitte Oktober in Clark den Entschluss reifen, den Angriff seiner Armee einzustellen. Den letzten Anstoß gab das schlechte Wetter. Am 26. Oktober steigerte es sich zu sintflutartigem Regen. Bergbäche verwandelten sich in reißende Ströme, die Brücken zerstörten und den Nachschub für die vordersten Linien unterbrachen. Noch am selben Tag erhielt das II. Korps den Befehl, sich in geeigneten Positionen einzugraben und zur Verteidigung überzugehen.

Fast gleichzeitig mit der amerikanischen hatte die britische Armee am 12. September ihre Offensive erneuert, um gemeinsam die deutsche 10. Armee in der Romagna zu vernichten. Diesmal drängten Briten und Kanadier die Verteidiger zügig von den letzten Höhen südlich von Rimini. Nur mit Mühe hielt das LXXVI. Panzerkorps seine Front noch zusammen. Gerade rechtzeitig trafen Verstärkungen ein, darunter zwei

Ein mittelschwerer deutscher Kampfpanzer vom Typ V »Panther« der Panzerabteilung Förster, einziger »Panther«-Verband auf dem italienischen Kriegsschauplatz, dort ab Februar 1944 bis Frühjahr 1945 im Einsatz, zunächst gegen den alliierten Brückenkopf von Anzio und zuletzt gegen die britische Armee am Adria-Frontabschnitt.

»Tiger«-Abteilungen. Die deutschen Kampfpanzer »Tiger« und »Panther« waren ihrem Hauptgegner, dem amerikanischen »Sherman«, klar überlegen, fielen aber häufig wegen technischer Mängel aus. In Zahlen waren sie den »Shermans« und britischen »Churchills« hoffnungslos unterlegen.

Fast schutzlos waren die deutschen Soldaten inzwischen den alliierten Luftangriffen ausgeliefert. Die letzten deutschen Jagdflieger zogen damals aus Italien ab und überließen die Luftverteidigung ganz der Flakartillerie. Nun kreisten die alliierten Luftbeobachter noch frecher in kleinen Flugzeugen über den deutschen Stellungen und lenkten Artilleriefeuer auf sie. Das beschädigte die Kampfmoral, und die Zahl derer stieg, die sich gefangennehmen ließ. Von den 14600 Mann Verlusten des LXXVI. Panzerkorps zwischen 26. August und 15. September gerieten knapp die Hälfte in Gefangenschaft.

Auch deutsche Verstärkungen konnten deshalb nicht verhindern, dass Briten und Kanadier am 18./19. September die improvisierte »Ri-

Panzerfahrzeuge auf dem Kriegsschauplatz Italien 1943–1945

DEUTSCHLAND/ITALIEN

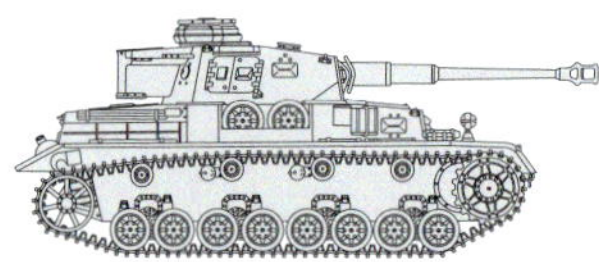

Kampfpanzer Typ IV

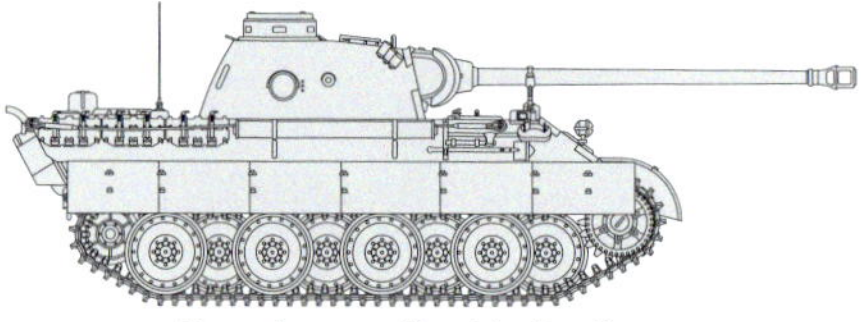

Kampfpanzer Typ V »Panther«

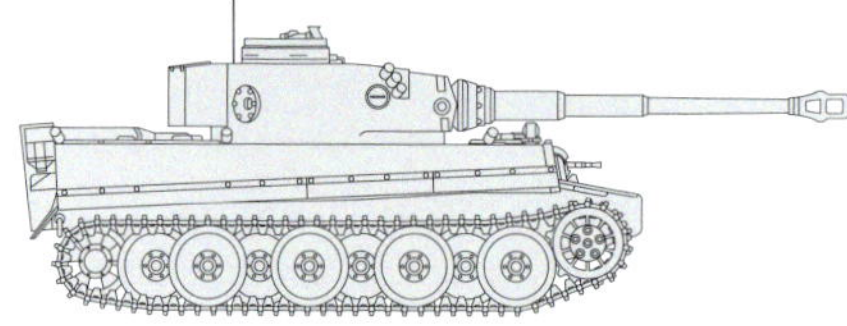

Kampfpanzer Typ VI »Tiger«

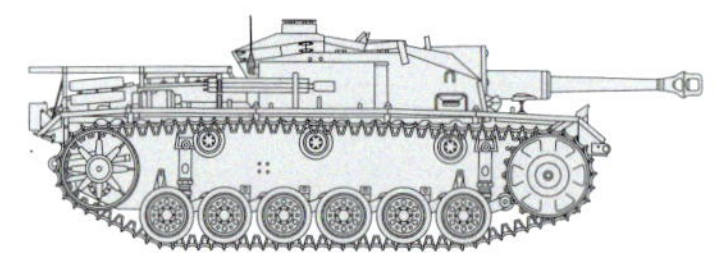

Sturmgeschütz III

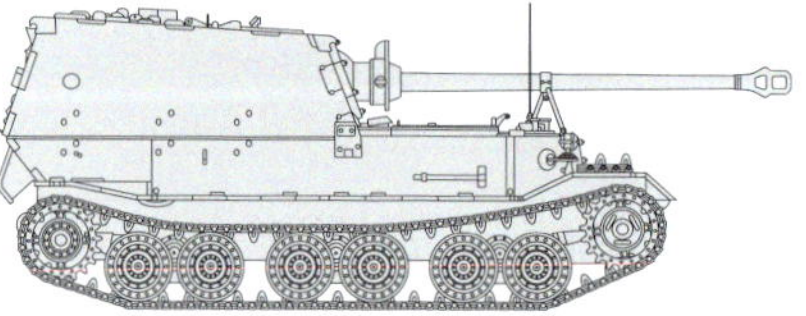

Jagdpanzer »Ferdinand/Elefant«

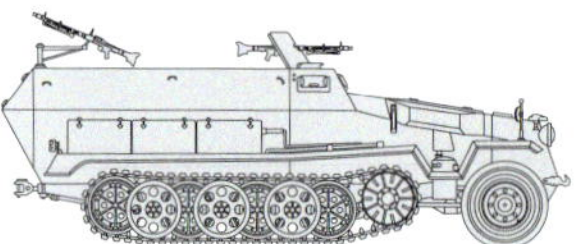

Schützenpanzer SdKfz 251

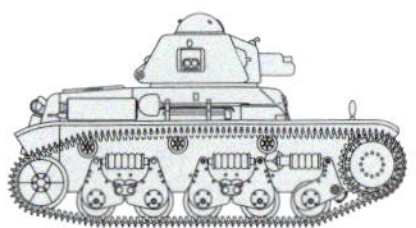

Kampfpanzer Renault R35
(aus frz. Kriegsbeute)

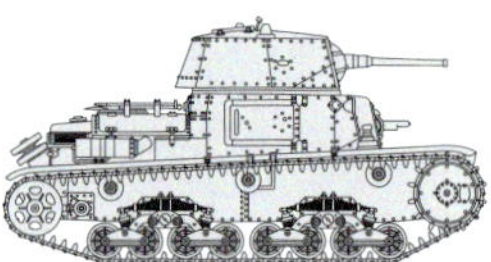

Kampfpanzer Fiat M13/40

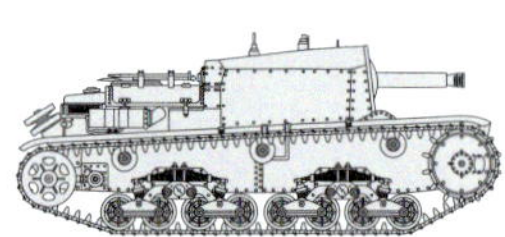

Sturmgeschütz Semovente 75/18

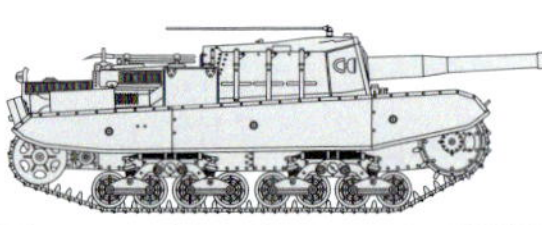

Sturmgeschütz Semovente 105/25
(auch in deutscher Nutzung als Sturmgeschütz M43

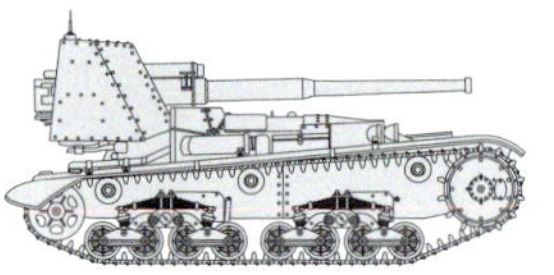

Sturmgeschütz Semovente 90/53

Anmerkung:
Bei den hier dargestellten Panzerfahrzeugen handelt es sich um eine Auswahl ohne Anspruch auf Vollzähligkeit.

Maßstab 1:150

0 1 2 3 4 5 m

GROSSBRITANNIEN/USA

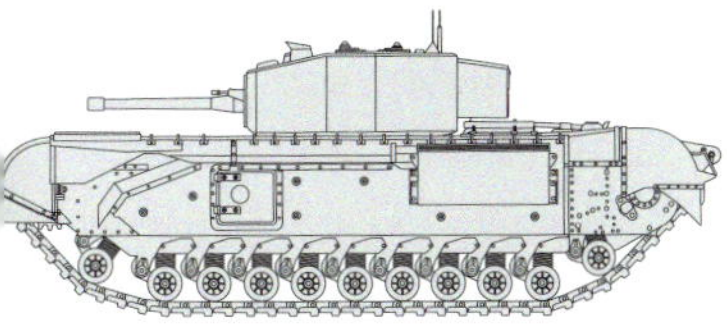

(Infanterie-)Sturmpanzer Typ IV »Churchill«

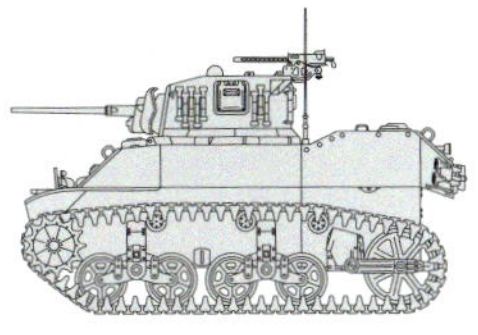

Aufklärungspanzer M5 »Stuart«

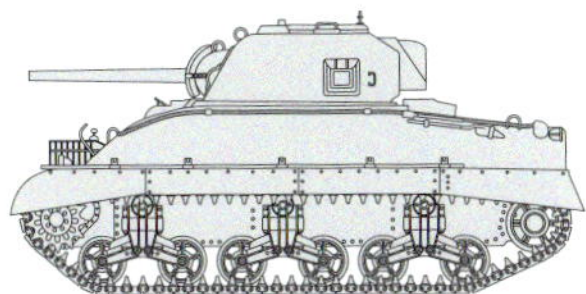

Kampfpanzer M4 A1 »Sherman«

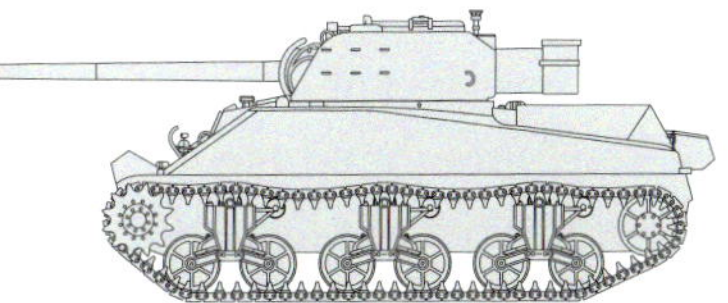

Kampfpanzer VC »Sherman Firefly«

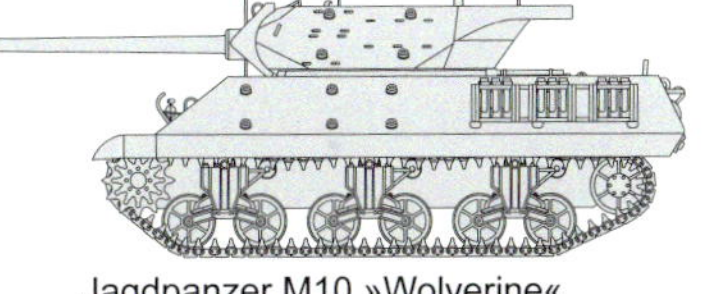

Jagdpanzer M10 »Wolverine«

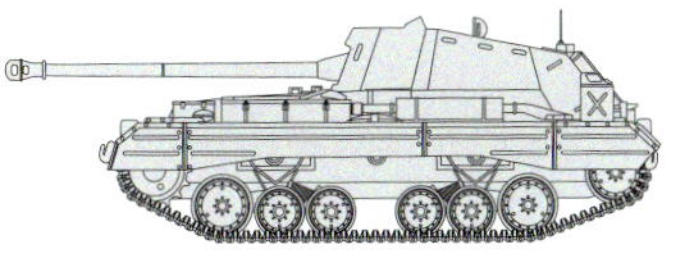

Jagdpanzer SP 17 »Archer«

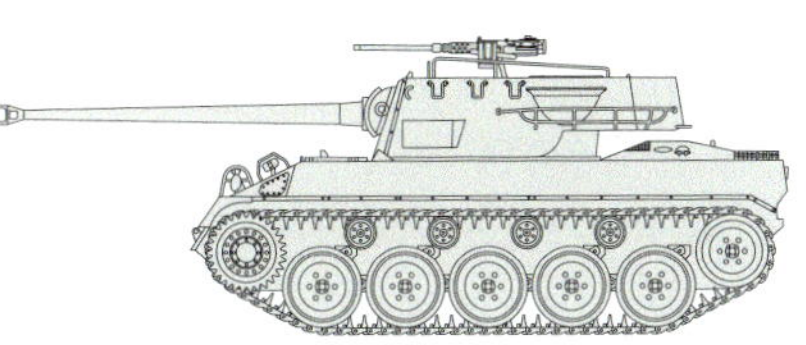

Jagdpanzer M18 »Hellcat«

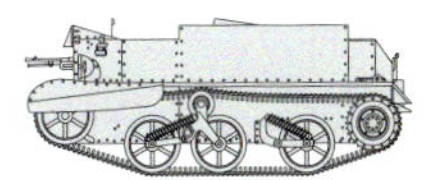

Schützenpanzer Universal (»Bren«) Carrier

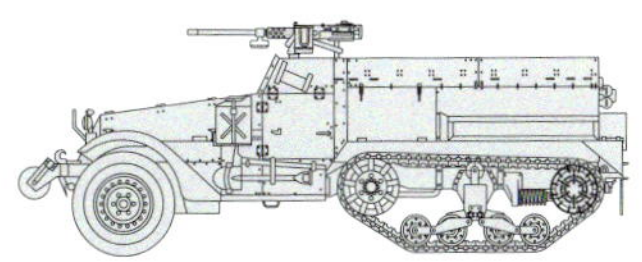

Schützenpanzer M3 Halftrack

mini-Linie« vor der Stadt durchstießen. Um die Front vor dem Kollaps zu retten, musste Kesselring den Rückzug des Panzerkorps hinter den Fluss Marecchia genehmigen. Nach Zerstörung der Hafenanlagen wurde Rimini kampflos geräumt. Am 21. September ließen die Kanadier einer griechischen Brigade den Vortritt beim Einmarsch in die Stadt, die nach Wochen alliierter Luftangriffe in Trümmern lag.

Mit der Einnahme von Rimini war Operation »Olive« abgeschlossen. Wieder konnten Leese und Alexander nicht ganz zufrieden sein, weil man drei Monate hinter dem Zeitplan zurücklag und das eigentliche Ziel – die Vernichtung des Gegners – erneut verfehlt worden war. Auch gerieten die Briten wegen der hohen Verluste von 14 000 Mann langsam in Personalnot. Dennoch herrschte zunächst Erleichterung: Endlich hatte man den engen Küstenstreifen verlassen und sah die weite Ebene der Romagna vor sich, scheinbar ein gutes Operationsfeld für die eigenen, stark mechanisierten Kräfte. Optimistisch richtete sich der Blick auf die nächsten Ziele: zum einen Bologna, für den Schulterschluss mit der 5. US-Armee; zum anderen Ferrara und seine Po-Übergänge.

Schnell machte sich jedoch Ernüchterung breit: Ständig stieß man auf neue Flusshindernisse und fand dahinter einen Gegner, der keineswegs auf der Flucht war. Zudem setzte strömender Regen ein, der den Vormarsch zur Schlammschlacht machte. Ende September standen Briten und Kanadier vor dem reißenden Rubikon, ohne ihn überqueren zu können. Daraufhin verlagerte der neue britische Oberbefehlshaber, Lieutenant-General Sir Richard McCreery, den Schwerpunkt der 8. Armee in den Apennin, wo das Gelände trotz allem günstiger schien und die deutsche Front dünner besetzt war. Einen besonderen Coup sollte das polnische Korps landen, das zu diesem Zweck tief in den Apennin verlegt wurde. Doch wieder einmal konnten die Deutschen – auch dank des schlechten Flugwetters – mitsamt ihrem schweren Gerät rechtzeitig ausweichen.

Der »Hürdenlauf« über die Flüsse der Romagna nahm Verfolgte wie Verfolger gleichermaßen stark mit. Nach Wochen quälenden Vorankommens war die britische Armee physisch wie psychisch der Erschöpfung nahe. Auch wurden ihre Nachschubverbindungen immer anfälliger. Ende Oktober musste McCreery das kanadische Korps zur Auffrischung aus der Front ziehen. Sein letzter Rest Optimismus schwand, als am 26. Oktober britische Vorauskräfte am Ronco verlustreich zurückge-

Kampf um die »Goten-Linie« im Nördlichen Apennin: eine deutsche Panzerabwehrkanone Pak 40 vom Kaliber 7,5 Zentimeter samt Geschützbedienung abwehrbereit in Stellung, Oktober 1944.

schlagen wurden. Das brachte den britischen Angriff fast gleichzeitig mit dem amerikanischen vor Bologna zum Erliegen.

Mit äußerster Anstrengung hatten die Deutschen den alliierten Durchbruch aus zwei Richtungen nach Bologna verhindert. Das verschaffte ihnen genügend Luft, um sich für den Kampf um die Stadt zu regenerieren und zu reorganisieren. Da erlitt Feldmarschall Kesselring am 23. Oktober 1944 einen schweren Autounfall und fiel für drei Monate aus. Vertreten wurde er durch Generaloberst von Vietinghoff. General Lemelsen übernahm die 10. Armee mit vier Fünfteln aller deutschen Bodentruppen. Unter ihm wurde die Führung an der Hauptfront von Bologna bis Venedig in einer Hand zusammengefasst. Die verkleinerte 14. Armee hielt die ruhige Nebenfront im westlichen Apennin. Die Küste am Golf von Genua sowie die Alpenübergänge nach Frankreich sicherte die italienische »Armee Ligurien« unter Maresciallo d'Italia Rudolfo Graziani, Mussolinis Verteidigungsminister, mithilfe eines deutschen Stabschefs.

7.2 Eine ›Winterpause‹ im Patt

Die festgefahrene Lage veranlasste den SACMED, General Wilson, die alliierte Offensive in Italien am 27. Oktober 1944 anzuhalten. Er rechnete nicht mehr damit, den Feind vor Wintereinbruch über den Po zurückzuschlagen, geschweige denn bis zu den Alpen vorzustoßen. Ungeachtet dessen plante Alexander weiter die Einnahme von Bologna und Ravenna noch vor dem Winter. Von dort aus sollten die Deutschen dann im Frühjahr auf die Alpen zurückgedrängt werden.

Während sich die US-Armee erholte, verbesserte die britische Armee mit kleineren Offensiven ihre Ausgangslage. Bei gutem Wetter verdrängte sie die Deutschen am 9. November aus Forli; am 4. Dezember nahmen die Kanadier mithilfe kommunistischer Partisanen Ravenna ein. Danach erzwang ein britisch-polnischer Angriff den Rückzug der 10. Armee aus Faenza, bevor er kurz vor Weihnachten 1944 am Fluss Senio, etwa 10 Kilometer vor Imola, zum Stillstand kam. Das lag haupt-

In der ›Winterpause‹ (I): Deutsche Fallschirmpioniere stürmen im Gefecht mit britischen Truppen ein Gehöft im Nördlichen Apennin, 31. Januar 1945.

sächlich an der Schwächung der britischen Armee durch Truppenabzüge. Ein Korps kam bereits im Dezember im griechischen Bürgerkrieg zum Einsatz, und das kanadische Korps wurde Anfang 1945 in Nordwesteuropa benötigt.

Weil die Briten nicht weit genug gekommen waren, wollte Alexander den Amerikanern nicht den Angriff auf Bologna befehlen. Mit Blick auf den Zustand seiner Truppen war Clark darüber durchaus froh. Auch drohte das schlechte Wetter den Bombereinsatz zu vereiteln, der ihm eine Bresche in die deutsche Verteidigung schlagen sollte. Kurz darauf gab Clark die Führung der 5. US-Armee an Lieutenant General Truscott ab. Den beschäftigte sogleich ein begrenzter Angriff der 14. Armee (General Kurt von Tippelskirch), die eine Schwachstelle in der US-Front im Serchio-Tal gefunden hatte. Nachdem sie in Belgien gerade durch die deutsche Ardennen-Offensive überrascht worden waren, argwöhnten die Alliierten einen deutschen Großangriff, der auf den Nachschubhafen Livorno abzielte. Deshalb wurde das IV. US-Korps aus dem Bologna-Abschnitt erheblich verstärkt und schlug die Angreifer in wenigen Tagen vollständig zurück.

Ohne dass die deutsche Seite davon erfuhr, brachte das eigenmächtige Vorgehen von Tippelskirch die 5. US-Armee aus dem Gleichgewicht, woraufhin die Alliierten ihre Großoffensive endgültig ins Frühjahr 1945 verschoben. Gleichzeitig erhielten Ende 1944 die amerikanischen Belange durch eine Umbesetzung an der alliierten Kommandospitze mehr Gewicht. Clark trat an die Spitze der 15. Heeresgruppe (15th Army Group), wie die Allied Armies in Italy nun wieder hießen. Sein Vorgänger Alexander wurde neuer SACMED anstelle von Wilson und auch bald zum Field-Marshal befördert.

In ihren neuen Funktionen vereinbarten Alexander und Clark, erst am 1. April die Offensive wiederaufzunehmen. Gelände, Wetter und Zustand der Truppe ließen ihnen keine andere Wahl. Wie zur letzten Jahreswende an der »Gustav-Linie« sah man sich nun im Apennin und am Senio in einer *winter line* gefangen. Mit kleineren Operationen verbesserte man die Ausgangslage für die Frühjahrsoffensive etwas. An Ausfällen überwogen jene infolge jahreszeitlich bedingter Erkrankungen.

Beide Seiten bemühten sich, ihre Front auszudünnen und Reserven im Hinterland zu bilden. So gut es ging, nutzten sie die ›Winterpause‹ zur Erholung, Ausbildung und Bevorratung. Ganz unterschiedlich dreh-

Zwei schwere Langstreckenbomber der US Air Force vom Typ Boeing B-17 »Flying Fortress« auf dem Weg von ihrer Basis bei Foggia zum Einsatz über Wien, 7. Februar 1945. Bomber dieses Typs ebneten auch den alliierten Bodenoffensiven in Italien den Weg.

te sich das ›Truppenkarussell‹. Die britische 8. Armee musste ihr kanadisches Korps abgeben, erhielt aber ihr XIII. Korps von der 5. US-Armee zurück. Diese war damit nur noch halb so groß wie die britische Armee, obwohl sie zur Verstärkung das Brasilianische Expeditionskorps und die 10. US-Gebirgsdivision sowie überzähliges Personal im Umfang von

zwei Brigaden erhalten hatte, um Verluste sofort ausgleichen zu können. Im Gegensatz dazu musste die Heeresgruppe C drei gute Divisionen an andere Fronten abgeben und erhielt nur eine als Ersatz.

Nach seiner Genesung nahm Feldmarschall Kesselring am 15. Januar 1945 das Heft in Italien wieder in die Hand. Nördlich der Alpen kämpfte

erreicht. Die letzte deutsche Verteidigungslinie am Idice war damit nicht mehr zu halten. Vietinghoff musste auch die Hoffnung aufgeben, seine Heeresgruppe hinter dem Reno zum Widerstand formieren zu können, denn diese Flusslinie war ebenfalls schon umgangen. Die deutschen Verluste nahmen dramatisch zu; oft wurden ganze Einheiten überwältigt.

Um den Untergang der Heeresgruppe abzuwenden, befahl Vietinghoff mit dem Stichwort »Herbstnebel« am 19. April der »Armee Ligurien« sowie tags darauf auch seinen beiden deutschen Armeen den Rückzug hinter den Po. Erst abends unterrichtete er das OKW, verbunden mit Geburtstagsglückwünschen für Hitler. Sein Verstoß gegen einen »Führerbefehl« löste keine scharfe Reaktion mehr aus. In Berlin hatte man andere Sorgen, da die Rote Armee schon vor der Reichshauptstadt stand. Im Bunker unter der Reichskanzlei traf Hitler letzte Anordnungen für den Endkampf um Deutschland. So erhielt Kesselring am

Alliierter Vormarsch nach Norden: Britische Truppen überqueren ihre kurz zuvor fertiggestellte Behelfsbrücke (»Bailey-Bridge«) über den Fluss Po nördlich von Ferrara, daneben die durch alliierte Luftangriffe zerstörte alte Eisenbahnbrücke, 28. April 1945.

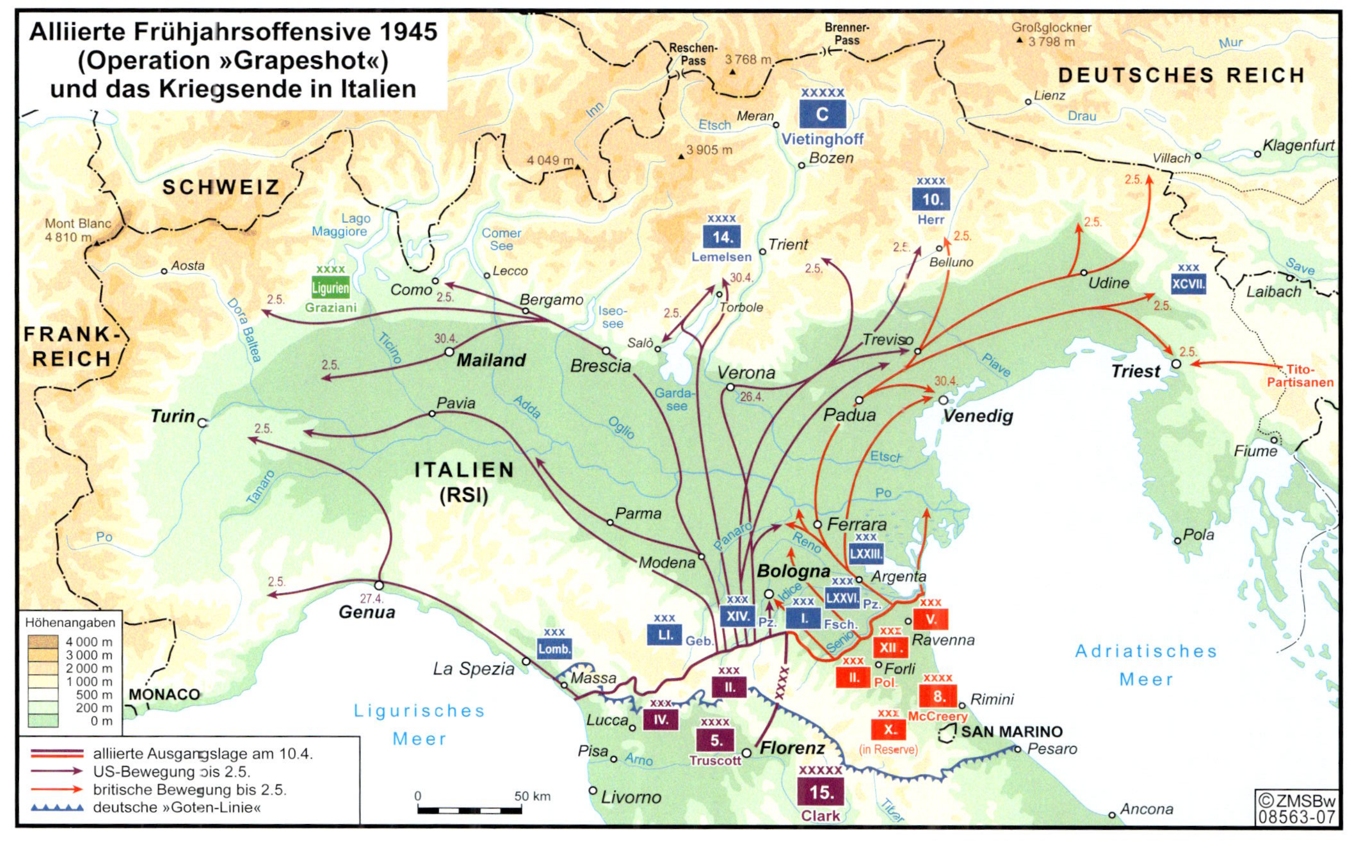
Alliierte Frühjahrsoffensive 1945
(Operation »Grapeshot«)
und das Kriegsende in Italien
DEUTSCHES REICH
SCHWEIZ
FRANK-REICH
ITALIEN (RSI)
MONACO
SAN MARINO
Adriatisches Meer
Ligurisches Meer
Reschen-Pass
Brenner-Pass
Großglockner 3 798 m
3 768 m
3 905 m
4 049 m
Mont Blanc 4 810 m
XXXXX C Vietinghoff
XXXX 10. Herr
XXXX 14. Lemelsen
XXX XCVII.
XXXX Ligurien Graziani
XXX LXXIII.
XXX LXXVI. Pz.
XXX I. Fsch.
XXX XIV. Pz.
XXX LI. Geb.
XXX Lomb.
XXX II.
XXX IV.
XXXX 5. Truscott
XXXXX 15. Clark
XXXX
XXX V.
XXX XII.
XXX II. Pol.
XXXX 8. McCreery
XXX X. (in Reserve)
Tito-Partisanen
Mur
Drau
Save
Inn
Etsch
Lago Maggiore
Comer See
Iseo-see
Garda-see
Dora Baltea
Ticino
Adda
Oglio
Po
Tanaro
Panaro
Reno
Idice
Senio
Piave
Arno
Tiber
Lienz
Villach
Klagenfurt
Laibach
Meran
Bozen
Trient
Belluno
Udine
Triest
Fiume
Pola
Aosta
Como
Lecco
Bergamo
Brescia
Salò
Torbole
Verona
Treviso
Padua
Venedig
Mailand
Pavia
Turin
Parma
Modena
Bologna
Ferrara
Argenta
Ravenna
Forlì
Rimini
Pesaro
Ancona
Genua
La Spezia
Massa
Lucca
Pisa
Livorno
Florenz
2.5.
30.4.
26.4.
27.4.
Höhenangaben
4 000 m
3 000 m
2 000 m
1 000 m
500 m
200 m
0 m
alliierte Ausgangslage am 10.4.
US-Bewegung bis 2.5.
britische Bewegung bis 2.5.
deutsche »Goten-Linie«
0
50 km
©ZMSBw 08563-07

25. April den Oberbefehl über den deutschen Machtbereich im Süden mit der Heeresgruppe C in Italien.

Die Erwartung im OKW, Vietinghoff könnte seine Heeresgruppe am Fuß der Alpen sammeln, war durch die Ereignisse bald überholt. Schon der Rückzug zum Po verlief wenig geordnet. Einige Verbände wurden auf dem Weg dorthin abgeschnitten und mussten kapitulieren. Ein großer Teil entkam zwar über den bis zu 500 Meter breiten Hauptstrom und seine Nebenarme, wegen zerstörter Brücken und mangels einsatz-

Nach dem deutschen militärischen Desaster am Po: Wehrmachtkolonnen marschieren durch Padua in britische Kriegsgefangenschaft, bewacht von nepalesischen Gurkha-Soldaten, 29. April 1945.

bereiter Fähren jedoch meist ohne Fahrzeuge und schwere Waffen. Viele Soldaten riskierten eine schwimmende Überquerung; nicht wenige ertranken dabei. Zurück blieben auch Lazarette mit ihrem Personal und den vielen Verwundeten.

Das deutsche Fiasko am Po beendete den Feldzug, nicht jedoch den Krieg in Italien. Den letzten Widerstand am Südufer brachen die Alliierten in nur zwei Tagen bis zum 23. April. Seit Beginn von Operation »Grapeshot« waren 54 000 deutsche Soldaten, darunter die beiden ers-

ten Generale, in alliierte Gefangenschaft geraten. Rechnet man die 20 000–30 000 Toten und Verwundeten der letzten zwei Wochen hinzu, hatte die Heeresgruppe C ein Fünftel ihres Personals eingebüßt. Sie war nun kein ernsthafter Gegner mehr, zumal sich ihre Verbandsstrukturen vielfach aufgelöst hatten.

Norditalien fiel nun rasch in alliierte Hände. Die 5. US-Armee eilte dem Etsch-Tal zu, um der zersprengten 14. Armee den Rückzugsweg nach Tirol zu verlegen, und nahm am 26. April Verona im Kampf gegen deutsche Fallschirmjäger ein. Andere US-Verbände schwenkten nach Nordwesten, um der »Armee Ligurien« – sie kapitulierte mit etwa 40 000 Soldaten am 29. April in Lecco – den Rückzug abzuschneiden und die Lombardei sowie das Piemont zu befreien. Vielfach nahmen Partisanen den Alliierten einen Teil der Arbeit ab. Auf seiner Flucht fiel ihnen Mussolini am Comer See in die Hände. Sie erschossen ihn am 28. April und stellten später seine Leiche in Mailand zur Schau.

Die Briten beeilten sich, den Unterlauf der Etsch zu erreichen, bevor sich die Reste der 10. Armee dahinter festsetzen konnten. Da diese am Alpenrand Zuflucht nahmen, konnte sich McCreery zunächst Venedig zuwenden, um einen großen Nachschubhafen an der nördlichen Adria zu gewinnen. Danach schickte er seine Neuseeländer auf schnellstem Weg nach Triest, das von Titos Partisanen belagert wurde, deren Vordringen nach Italien es zu verhindern galt. Auch wollte sich die deutsche Garnison von Triest nur den Alliierten ergeben, was schließlich am 2. Mai geschah.

In seinem Hauptquartier Bozen hatte Generaloberst von Vietinghoff kaum Funkverbindung zu seinen Truppenteilen, die am Alpenrand über 200 Kilometer verstreut lagen. Motorisierte Melder fielen oft Partisanen zum Opfer, deren Zentrale am 25. April zum offenen Aufstand aufgerufen hatte. Dennoch erwartete Feldmarschall Kesselring von der Heeresgruppe C einen Beitrag zur Verteidigung eines alpinen Rückzugsraums, in den alle deutschen Kräfte des Südraums vor der Roten Armee flüchten sollten, um sich später den Westalliierten zu ergeben. General von Senger konnte jedoch lediglich 2000 Mann sammeln und eine dünne, 30 Kilometer breite Front vom Nordrand des Gardasees bis zum Pasubio-Pass bilden, um das Etsch-Tal gegen die Amerikaner zu sperren. Bei Torbole am Gardasee kam es am 29. April 1945 zum letzten größeren Gefecht auf italienischem Boden.

General Fridolin von Senger und Etterlin (links) meldet sich im Auftrag des deutschen Oberkommandos in Italien am 4. Mai 1945 im alliierten Hauptquartier in Florenz bei US-General Mark W. Clark (Mitte) zur Regelung der praktischen Details der deutschen Kapitulation; neben Clark die Oberbefehlshaber der britischen 8. und der 5. US-Armee, Lieutenant-General Richard McCreery (1898–1967; links) bzw. Lieutenant General Lucian K. Truscott (1895–1965; rechts).

Am selben Tag vereinbarten zwei deutsche Offiziere im alliierten Hauptquartier von Field-Marshal Alexander in Caserta bei Neapel die Kapitulation der deutschen Streitkräfte in Italien und dort einen Waffenstillstand ab dem 2. Mai 1945 um 14.00 Uhr. Das Ende des Krieges in Italien, fünf Tage vor der deutschen Gesamtkapitulation, kam nicht überraschend. Es war von langer Hand vorbereitet worden.

Die Initiative dazu hatte Anfang 1945 jemand ergriffen, von dem man es zuletzt erwartet hätte: SS-Obergruppenführer und General der Waffen-SS Karl Wolff. Als »Höchster SS- und Polizeiführer Italien« herrschte er über den umfangreichen Terrorapparat von SS und Polizei im Land und kontrollierte daneben auch die Polizei der RSI. Obwohl enger Vertrauter von Heinrich Himmler und überzeugter Nationalsozialist, scheute sich Wolff nicht, im Januar und Februar 1945 über italienische und Schweizer Mittelsmänner heimlich bei den Amerikanern wegen eines Friedens vorzufühlen. Was ihn dazu bewegte, ist nicht ganz klar.

Schon das erste Treffen mit Wolff am 8. März in der Schweiz überzeugte Allan Dulles vom US-Geheimdienst OSS von dessen ernsten Absichten. Gegen starke Vorbehalte auf höchster alliierter Ebene setzten beide ihre Gespräche fort. Von Wolff eingeweiht, lehnte Vietinghoff die bedingungslose Kapitulation zunächst ab. Erst unter dem Eindruck der Kämpfe um Berlin und am Po stimmte er Verhandlungen mit den Alliierten zu. Am 28. April entsandten Vietinghoff und Wolff ihre Vertreter nach Caserta. Weil dies gegen seinen Willen geschehen war, enthob Kesselring Vietinghoff und Stabschef Hans Röttiger ihrer Ämter und bedrohte sie mit der Todesstrafe. Am 2. Mai stimmte er dem Waffenstillstand doch noch zu.

Zuletzt war das Hauptquartier in Bozen damit beschäftigt, alle deutschen Truppenteile zu unterrichten und die Auslieferung von Personal sowie Material vorzubereiten. Die Details regelte Senger im Hauptquartier der alliierten 15. Heeresgruppe in Florenz. Dort traf man auch Vorsorge dafür, dass deutsche Soldaten und Waffen nicht in die Hände der Partisanen fielen. Das Verhältnis blieb selbst dann entspannt, als sich deutsche Truppen der Übergabe entzogen und nach Tirol absetzten. Bis zum 4./5. Mai erreichten Vorauskräfte der 5. US-Armee überall die Grenze nach Österreich und begegneten dort den Spitzen der 7. US-Armee aus Süddeutschland. Am 6. Mai war ganz Italien von den Alliierten besetzt.

Infolge der Kapitulation vom 2. Mai 1945 streckten knapp 210 000 deutsche Soldaten ihre Waffen, nachdem die Alliierten im Zuge ihrer Schlussoffensive seit dem 9. April bereits 200 000 Deutsche gefangengenommen hatten. Der OB Südwest bezifferte seine Verluste an Toten, Verwundeten und Erkrankten zuletzt auf 30 000 Soldaten. Die Alliierten beklagten 16 000 Tote und Verwundete, vor allem aus der Frühphase von Operation »Grapeshot«.

↗ **Italienische Partisanen tragen einen Angehörigen zu Grabe, der in Zusammenhang mit dem SS-Massaker an den Einwohnern des Dorfes Marzabotto bei Bologna ums Leben kam, Oktober 1944.**

8 Kriegsverbrechen und Gewalt gegen die Zivilbevölkerung

Ein besonders dunkles Kapitel bilden die deutschen Kriegsverbrechen in Italien. Mindestens 10 000 unschuldige Zivilisten fielen bis Kriegsende Geiselerschießungen und anderen Vergeltungsmaßnahmen zum Opfer, meist in Zusammenhang mit dem Partisanenkrieg. Weit überwiegend waren deutsche, ansonsten aber auch Truppen der RSI dafür verantwortlich. Verbrecherische Befehle aus Berlin, die von den Verantwortlichen in Italien teils noch verschärft wurden, leisteten den Gräueltaten deutscher Soldaten Vorschub.

Den eigentlichen Partisanenkrieg führten beiden Seiten mit großer Grausamkeit. Gefangene wurden dabei selten gemacht. Etwa 30 000 Partisanen starben im Kampf gegen die Wehrmacht, die SS und Sicherheitskräfte der RSI oder wurden gleich danach hingerichtet. Auf das Konto der Partisanen wiederum gingen mindestens 3000 deutsche und

30 000 italienische Todesopfer, letztere meist Parteigänger des Faschismus. Die Gewalt der politisch vielfältigen Partisanengruppen traf aber politisch missliebige Landsleute jeder Art und nicht selten völlig Unschuldige. Sie überdauerte sogar das Kriegsende: Noch bis Ende 1946 forderten Racheaktionen meist kommunistischer Partisanen allein in der Emilia-Romagna etwa 2000 Todesopfer. Das alles macht deutlich, dass der Partisanenkrieg in Italien nicht nur ein Kampf gegen die Deutschen, sondern auch ein Bürgerkrieg war.

Schon bevor sich ab Herbst 1943 langsam und schubweise der Partisanenkrieg entwickelte, kam es hinter der Front zu deutschen Kriegsverbrechen. Ein größeres Ausmaß erreichten sie im Zuge der Reaktion auf den italienischen Waffenstillstand vom 8. September 1943. Die hierauf gut vorbereiteten deutschen Truppen im Land entwaffneten schlagartig die italienischen Soldaten; vereinzelter Widerstand wurde mit Waffengewalt schnell gebrochen. Im Bereich von Rommels Heeresgruppe B verlief die Entwaffnung weitgehend unblutig, während die Heeresgruppe C unter Kesselring in Süditalien deutlich gewalttätiger vorging. Eine geradezu mörderische Dimension nahm das Vorgehen einzelner Kommandeure und Truppenteile der Wehrmacht gegen die italienischen Besatzungstruppen auf dem Balkan an.

Zunächst war unklar, was mit den italienischen Gefangenen geschehen sollte. Rommel etwa wollte sie nach Hause entlassen. Doch erhielten er und Kesselring bald klare Befehle von Hitler über das OKW. Daraufhin wurden 180 000 italienische Soldaten, die sich freiwillig gemeldet hatten, in den Dienst der RSI überführt. Etwa 600 000 italienische Soldaten wollten jedoch nicht auf deutscher und Mussolinis Seite weiterkämpfen. Sie wurden als »Militärinternierte« nach Deutschland deportiert und dort für den Rest der Kriegszeit als rechtlose Zwangsarbeiter in der Kriegswirtschaft eingesetzt. Dabei starben mindestens 45 000 von ihnen an Krankheiten, Unterernährung oder Misshandlungen. Die Sterblichkeitsrate der italienischen Militärinternierten war damit eine der höchsten unter den Soldaten aller Nationen in deutschem Gewahrsam während des Zweiten Weltkrieges.

Eine Besonderheit in der Frühzeit der deutschen Besatzungsherrschaft in Italien stellen die Untaten der 1. SS-Panzerdivision »Leibstandarte SS Adolf Hitler« dar. Teile dieser Division ermordeten im September 1943 am Lago Maggiore eigenmächtig und spontan Dutzende italienische Juden. Eine systematische Judenverfolgung begann einige Wochen später, als sich Dienststellen der Sicherheitspolizei und des SD in Rom niederließen. Bis zum Kriegsende wurden 8000 von insgesamt 40 000 Juden im deutschen Machtbereich in Italien nach Auschwitz-Birkenau deportiert und dort ermordet.

Eine eigentliche Partisanenbewegung gab es in dieser Frühphase der deutschen Besetzung noch nicht. Allerdings kam es im Herbst 1943 während des deutschen Rückzuges vor den Alliierten aus Süditalien zu spontanen Aufständen gegen die Besatzer. Etwa 1500 Zivilisten starben durch deutsche Gegenmaßnahmen, ein Drittel davon allein in Neapel, wo sich Ende September Teile der Bevölkerung gegen die abziehenden und die Infrastruktur zerstörenden Deutschen erhoben.

Die größte Welle der Gewalt erfasste Mittel- und Norditalien im Sommer sowie im Frühherbst 1944 infolge des deutschen Rückzuges nach dem alliierten Durchbruch bei Cassino. Die Zahl der Partisanen erreichte damals mit etwa 50 000 einen neuen Höchststand. Durch die alliierten Erfolge ermutigt, überfielen sie im Hinterland der Front deutsche Einrichtungen und Fahrzeuge und griffen sogar Marschkolonnen

Ausgebranntes Haus in einem Ortsteil von Sant'Anna di Stazzema in der nordwestlichen Toskana. Das Dorf wurde am 12. August 1944 Schauplatz einer Anti-Partisanen-Aktion der SS, die dabei über 500 Einwohner ermordete.

an. In der Folge töteten in jenen Sommermonaten Einheiten der SS und der Wehrmacht sowohl spontan als auch bei geplanten »Säuberungsaktionen« hinter der Front nicht nur gefangene Partisanen, sondern auch etwa 5000 Zivilisten, darunter Frauen und Kinder.

Mitverantwortlich für die Eskalation der Gewalt war Feldmarschall Kesselring. Er hatte am 17. Juni 1944 befohlen, den »Kampf gegen Banden [...] mit allen zur Verfügung stehenden Mitteln und mit größter Schärfe« zu führen, und betont, »jeden Führer [zu] decken, der in der Bekämpfung der Banden über das bei uns übliche zurückhaltende Maß hinausgeht«. Zwei Wochen später ergänzte er, dass die öffentliche Ankündigung entsprechender Maßnahmen »keine leere Drohung sein« dürfe.

Nach einiger Zeit musste Kesselring erkennen, dass er zu weit gegangen war. Gewalttaten und Ausschreitungen deutscher Soldaten gegen die Zivilbevölkerung hatten ein solches Ausmaß erreicht, dass sie der deutschen Sache immer mehr schadeten. Nach einer Intervention Mussolinis schwächte Kesselring am 21. August seine Befehle ab. Das vorläufige Ende des deutschen Rückzuges im Herbst ließ den Partisanenkrieg dann ohnehin abebben. In Vertretung von Kesselring trug Generaloberst von Vietinghoff Ende 1944 zur Deeskalation bei. Auf einem Merkblatt des I. Fallschirmkorps vom März 1945 etwa hieß es: »Sühnemaßnahmen treffen fast immer die Unschuldigen.«

Ausgerechnet das nahe Kriegsende sorgte Ende April für eine letzte Gewaltwelle in Norditalien, als die deutschen Truppen in Richtung Brenner und Reichsgrenze strömten. Auf den Rückzugswegen herrschten vielfach unklare Machtverhältnisse. Die Partisanen erhielten noch einmal gewaltig Zulauf und überfielen häufig deutsche Kolonnen. Deren mitunter unkontrollierte Gegenwehr verursachte in jenen chaotischen Tagen weitere 1000 zivile Todesopfer.

Wer waren die deutschen Haupttäter solcher Verbrechen? Eine erste Antwort lautet: Die deutschen Truppenteile führten den Partisanenkampf sehr unterschiedlich. Einige hatten Kesselrings Befehle vom Sommer 1944 keineswegs als Freibrief und Aufforderung verstanden, Massaker zu begehen. Dagegen fallen in der Rückschau zwei Verbände besonders negativ auf: die 16. SS-Panzergrenadierdivision »Reichsführer-SS« und die Panzerdivision »Hermann Göring«. Sie waren für ein Drittel aller zivilen Todesopfer verantwortlich. Innerhalb weniger Wochen ermordeten Angehörige der »Reichsführer-SS« im Sommer und Frühherbst 1944 in der Toskana und der Emilia-Romagna über 2200 Menschen, darunter zahlreiche Frauen und Kinder. Traurige Höhepunkte dieser Gewaltorgien waren die Massaker von Sant'Anna di Stazzema (560 Todesopfer) und Marzabotto (770 Todesopfer). Soldaten der »Hermann Göring« ermordeten vom Herbst 1943 bis zum Sommer 1944 innerhalb von zehn Monaten etwa 1000 Zivilisten.

In beiden Verbänden war das Profil der Täter sehr ähnlich: hochideologisierte ältere Kader und junge Mannschaftssoldaten aus der »Flakhelfer- und HJ-Generation«. Diese Mischung setzte eine mörderische Gewaltkultur frei. Brutale Befehle ihrer Vorgesetzten stießen bei den jungen Soldaten auf wenig Skrupel; diese glaubten vielmehr, sich aufgrund ihrer Jugend besonders beweisen zu müssen. Hinzu kam das elitäre Selbstverständnis beider Divisionen, ohne dass sie diesem Anspruch militärisch auch gerecht geworden wären. Umso mehr wurden die

Der ehemalige SS-Sturmbannführer Walter Reder (1915–1991; Bildmitte), Hauptverantwortlicher des Massakers von Marzabotto im Herbst 1944. Das Foto zeigt ihn 1951 als Angeklagten vor einem italienischen Militärgericht, das ihn schließlich zu lebenslanger Haft verurteilte, bei einem Lokaltermin im Marzabotto.

Mängel an Ausbildung und Ausrüstung mit Draufgängertum, Aggressivität und Brutalität kompensiert.

Gleich nach Kriegsende befasste sich die alliierte Militärjustiz mit den deutschen Verbrechen. Am Ende ergingen sogar Todesurteile, die auch vollstreckt wurden. Kesselring hatte Glück. Er wurde zwar ebenfalls zum Tode verurteilt, aber bald zu lebenslanger Haft begnadigt; 1952 kam er ganz frei. Ende der 1940er Jahre wurde auch die italienische Justiz aktiv. Im bekanntesten Fall verurteilte 1948 ein Militärgericht Herbert Kappler, den ehemaligen SS-Kommandeur der Sicherheitspolizei in Rom, zu lebenslanger Haft. Kappler hatte am 24. März 1944 in den Ardeatinischen Höhlen bei Rom 335 Geiseln erschießen lassen, um ein Attentat auf eine deutsche Polizeieinheit in Rom zu vergelten, bei dem 33 deutsche Polizisten getötet worden waren. Das Massaker und Kapplers Name wurden in der Folgezeit zu Symbolen der deutschen Verbrechen in Italien.

Danach verloren italienische wie westdeutsche Justiz das Interesse an der Aufklärung und Ahndung deutscher Kriegsverbrechen in Italien, weil dies politisch unangebracht erschien, nachdem Italien und die Bundesrepublik zu Partnern in NATO und EG geworden waren. Auch wollte man sich in Italien nur ungern an die eigene faschistische Vergangenheit erinnern. Das änderte sich erst, als 1994 im Gebäude der Militärstaatsanwaltschaft in Rom Hunderte von Akten zu deutschen Kriegsverbrechen entdeckt wurden, die man 1960 unbearbeitet im später sogenannten »Schrank der Schande« weggeschlossen hatte. In der Folge erregten noch einige verspätete Kriegsverbrecherprozesse wie etwa jener gegen Erich Priebke großes Aufsehen. Der ehemalige SS-Hauptsturmführer wurde 1998 in Rom wegen seiner Beteiligung am Massaker in den Ardeatinischen Höhlen zu lebenslanger Haft verurteilt. Derweil wurde auch die deutsche Justiz tätig. Im Jahr 2009 verurteilte das Landgericht München I den ehemaligen Leutnant Josef Scheungraber, inzwischen 91 Jahre alt, wegen der Ermordung von 14 Einwohnern des Dorfes Falzano di Cortona zu lebenslanger Haft.

Weil die Ahndung der schwersten Verbrechen die Justiz voll beanspruchte, blieben andere Delikte wie die zahllosen Plünderungen und ›wilden‹ Requisitionen der Truppe praktisch ungesühnt. Wegen Nachschubproblemen war man während des Krieges auf deutscher Seite offiziell schon früh dazu übergegangen, verstärkt »aus dem Land« zu leben.

Häufig erfolgte jedoch keine ordnungsgemäße Requisition von Lebensmitteln gegen Entschädigung, sondern viele Soldaten fühlten sich ermächtigt, Weinkeller zu plündern oder Vieh zu stehlen. Gerade in Zeiten des Rückzugs erreichten solche Übergriffe ein besonders großes Ausmaß. Die deutschen Fallschirmjäger haben sich in dieser Hinsicht besonders unrühmlich hervorgetan.

Nicht zu vergessen ist die Gewalt gegen Frauen. Zahlreiche Vergewaltigungen durch deutsche Soldaten sind überliefert, ohne dass ihre Gesamtzahl auch nur annähernd geschätzt werden kann. Auf der anderen Seite wurden italienische Mädchen und Frauen, zum weit geringeren Teil auch Jungen und Männer, massenhaft Opfer von Vergewaltigungen durch Täter aus den alliierten Reihen. Besonderen Schrecken verbreiteten französische Kolonialsoldaten nach dem Durchbruch durch die »Gustav-Linie« im südlichen Latium. Schätzungen legen ihnen mindestens 3000 und bis zu 12 000 Vergewaltigungen sowie 800 Morde zur Last. Die Untaten waren nicht durch Befehle gedeckt, doch

Das Denkmal der »Mamma Ciociara« in Castro dei Volsci erinnert an ein Kriegsverbrechen der Alliierten: Nach deren Durchbruch bei Cassino im Frühsommer 1944 vergewaltigten französische Kolonialsoldaten Tausende italienische Frauen und Mädchen der Region und ermordeten Hunderte von ihnen.

ließen viele Vorgesetzte die Täter gewähren. Die Ereignisse hinterließen in der Bevölkerung ein tiefes Trauma. An die betroffenen Frauen der Region Ciociaria und die *marocchinate* (›Taten der Marokkaner‹) erinnert heute ein Denkmal in Castro dei Volsci.

Ein bekanntes Massaker des Krieges auf italienischem Boden ereignete sich bereits wenige Tage nach der alliierten Landung auf Sizilien: Am 14. Juli 1943 erschossen Soldaten der 45. US-Infanteriedivision bei Biscari über 70 italienische und einige deutsche Gefangene. Von einem US-Militärgericht wurde ein Sergeant (Unteroffizier) deshalb verurteilt, aber bald begnadigt, und ein Captain (Hauptmann) freigesprochen. Zur Verteidigung hatten sie sich auf ihren Oberbefehlshaber Patton berufen. Der habe sie in einer Ansprache vor dem ersten Einsatz aufgefordert, dem Feind als gnadenlose *killers* zu begegnen. Patton ver-

General der Infanterie Anton Dostler (1891–1945) kurz vor seiner Hinrichtung durch Erschießen am 1. Dezember 1945 in Aversa bei Neapel. Ein US-Militärgericht verurteilte Dostler nach Kriegsende zum Tode, weil er 1944 als Befehlshaber eines Armeekorps in Norditalien auf Befehl Hitlers gefangene US-Kommandosoldaten hatte hinrichten lassen.

suchte später wohl auch, die Mordtat zu vertuschen und die Täter zu decken. Das alles trug dazu bei, dass er im Sommer 1944 nicht den Oberbefehl über die US-Streitkräfte in der Normandie erhielt.

Biscari war das größte, aber offenbar nicht das einzige Verbrechen von Soldaten der Alliierten auf Sizilien. Es gibt starke Hinweise darauf, dass kanadische Truppen drei Tage später in Leonforte deutsche Kriegsgefangene ermordeten. Das ganze Ausmaß solcher Tötungen im Italienkrieg bedarf aber noch gründlicher wissenschaftlicher Aufarbeitung. Gut dokumentiert ist dagegen die deutsche Täterschaft im Fall der Ermordung von 15 US-Kommandosoldaten Ende März 1944 in Ligurien. Obwohl sie rechtmäßige Kombattanten waren, befolgte der zuständige deutsche Befehlshaber, General Anton Dostler, den berüchtigten Kommandobefehl Hitlers und ließ sie erschießen. Er wurde deshalb im ersten Kriegsverbrecherprozess nach Kriegsende von einem US-Militärgericht zum Tode verurteilt und am 1. Dezember 1945 hingerichtet.

Besondere Aufmerksamkeit verdient schließlich der alliierte Bombenkrieg, unter dem die italienische Bevölkerung erheblich litt. Anfangs hatte die Royal Air Force lange Zeit allein und sporadisch die Hafenstädte sowie die norditalienischen Industriezentren angegriffen. Im Herbst 1942 begann eine große anglo-amerikanische Luftoffensive, die nicht nur Industrie und Infrastruktur schwer traf, sondern auch die Moral der Bevölkerung erschütterte. Ihr Erfolg ließ Churchill Ende 1942 hoffen, das Mussolini-Regime auf diese Weise in die Knie zu zwingen. Anders als Deutsche und Briten waren die Italiener weder psychologisch noch durch Luftschutzmaßnahmen auf einen Luftkrieg vorbereitet worden. Und weil die italienische Luftverteidigung völlig unzureichend war, musste die Bevölkerung die Luftangriffe fast wehrlos erdulden. In der Folge kam es zu regelrechten Fluchtwellen aus den Metropolen aufs Land.

Im Sommer 1943 zeigte der Bombenkrieg seine erwartete politische Wirkung. Nicht zufällig wurde Mussolini am 25. Juli gestürzt, nur sechs Tage nach dem ersten schweren Luftangriff auf Rom, der überwiegend nicht seine militärischen Ziele, sondern Wohngebiete traf, etwa 2000 Menschenleben kostete und die Stadt in einen Schockzustand versetzte. Danach folgten viele weitere Luftangriffe auf Rom und andere Städte Mittelitaliens, bis die neue Badoglio-Regierung am 3. September zum Waffenstillstand bereit war. Auf die Einwohner wie den Schutz von

Kulturgut nahmen die Alliierten dabei nur bedingt Rücksicht. Über allem stand für sie die militärische Notwendigkeit, wie die Zerstörung von Cassino und Kloster Montecassino zeigen.

Der ungebremst fortgeführte Bombenkrieg gegen den verbliebenen deutschen Machtbereich in Norditalien in den Jahren 1944/45 erwies sich zunehmend als kontraproduktiv, weil er die Bevölkerung allmählich gegen die Alliierten aufbrachte. Ähnlich wie in Deutschland blieb seine Wirkung für die Alliierten in einer Hinsicht enttäuschend: Er machte die Bevölkerung nicht derart rebellisch, dass sie den großen Aufstand gegen die Machthaber wagte. Von 1940 bis Kriegsende kamen im Bombenkrieg mindestens 60 000 italienische Zivilisten ums Leben; ähnlich viele dürften schwer verletzt worden sein.

↗ **Begeistert werden die US-Truppen von der Bevölkerung empfangen, als sie im Juli 1943 in Palermo einmarschieren. Anschließend stützt sich die Neuordnung der politischen Verhältnisse durch die Befreier zu stark auf die alten mafiösen Strukturen.**

9 Die Alliierten und die Mafia

Ein Gerücht auf Sizilien besagt, dass die Alliierten 1943 die Insel nur mit Hilfe der Cosa Nostra, der sizilianischen Mafia, erobern konnten. Schon die alliierte Landung an der Küste sei von ihr unterstützt worden. Später hätten sich amerikanische Truppen mithilfe ortskundiger Mafiosi ihren Weg durch den Insel-Westen gebahnt. Der Journalist und Politiker Michele Pantaleone machte 1962 eine besondere Legende bekannt. Demnach brauste wenige Tage nach der alliierten Landung auf Sizilien ein US-Jagdflugzeug im Tiefflug über seine Heimatstadt Villalba in der Inselmitte; aus dem Cockpit flatterte ein gelbes Banner mit dem schwarzen Buchstaben »L« darauf. Außerhalb der Stadt warf der Pilot eine Tasche ab, die man dem Besitzer des nahen Bauernhofs, Calogero Vizzini, überbrachte. Der fand darin ein gelbes Seidentuch mit einem schwarzen »L«. Einige Tage später erreichten drei US-Panzer Villalba, am Turm des einen eine gelbe Flagge mit dem gleichen schwarzen »L«. Ein Offizier stieg aus und fragte in sizilianischem Dialekt nach »Don Calo«. Der wurde geholt und übergab sein gelbes Seidentuch dem Offizier. Noch in derselben Nacht schlich Don Calo in eine nahe deutsch-italienische Feldstellung und überredete seine Landsleute dort, in die Berge zu verschwinden. Als tags darauf die US-Panzer angriffen, mussten die wenigen Deutschen ihre Stellungen räumen und sich zurückziehen.

Soweit die Legende. Sie will uns weismachen, dass es eine konspirative Absprache zwischen dem New Yorker Mafiaboss »Lucky« Luciano und dem sizilianischen »Paten« Calogero Vizzini gegeben habe, um den alliierten Feldzug auf Sizilien zu unterstützen. Nach Mafiasitte galt das Tuch mit der Initiale von Luciano als Erkennungszeichen, mit dem sich die US-Truppen ausweisen konnten, um Vizzinis Hilfe zu erhalten. Diese Geschichte ist inzwischen widerlegt, weil zahlreiche Fakten und auch andere Zeitzeugen ihr widersprechen. Wie viele Legenden enthält sie aber einen wahren Kern. Denn im Zweiten Weltkrieg kam es tatsächlich zu einer Art Zusammenarbeit alliierter, vor allem amerikanischer Behörden mit der amerikanischen und italienischen Unterwelt, gerade im Hinblick auf Operation »Husky«.

Die Anfänge dieser Zusammenarbeit reichen bis ins Frühjahr 1942 zurück, als deutsche U-Boot-Angriffe die Ostküste der USA beunruhigten. Bei der für den New Yorker Hafen zuständigen Marinebehörde keimte der Verdacht, Mitglieder der großen italienischen Gemeinde von New York spionierten für die Achsenmächte. In der Not hatten Marine- und Justizbehörden keine Bedenken, das organisierte Verbrechen um Hilfe zu bitten: die New Yorker Unterwelt mit sizilianischen Wurzeln, die in Mussolini ihren Feind sah, weil er die Cosa Nostra gnadenlos bekämpfte. Die Zusammenarbeit kam jedoch erst zustande, als »Lucky« Luciano, der New Yorker »Boss der Bosse«, der damals eine langjährige Haftstrafe absaß, seinen Segen dazu gab. Das half dann zwar nicht dabei, Spionage- und Sabotageringe zu enttarnen, brachte aber die Werft- und Dockarbeiter dazu, streikfrei und reibungslos im Interesse der amerikanischen Aufrüstung zu arbeiten.

Der Kontakt zwischen US-Marine und organisiertem Verbrechen lebte neu auf, als die Alliierten im Frühjahr 1943 die Operation »Husky« planten und Informationen über die Situation auf Sizilien benötigten. Luciano machte der Abteilung Gegenspionage im US-Marinenachrichtendienst (ONI) das Angebot, selbst nach Sizilien zu gehen und dort eine Spionage- und Unterstützungsorganisation aufzubauen. Das war den Verantwortlichen politisch dann doch zu heikel. Stattdessen stellte das ONI ein Team italienischsprachiger Offiziere zusammen, die am 10. Juli 1943 mit der ersten Welle bei Gela und Licata an Land gingen.

Ausgestattet mit Informationen über Land und Gegner sowie Kontaktadressen, welche die Mafia vermittelt hatte, unternahmen sie Kommandoaktionen gegen die »Achse« auf Sizilien; daneben gewannen sie Einheimische als Führer für die alliierten Truppen und für Spionagedienste. Das Team war bis Kriegsende in ganz Italien unterwegs und machte sich auch um die Operationen »Avalanche« und »Shingle« verdient.

Unabhängig vom ONI war man auch auf höherer alliierter Ebene grundsätzlich bereit, mit der Mafia zusammenzuarbeiten und sie für den Kampf gegen die Achsenmächte sogar mit Waffen zu unterstützen. Entsprechende Äußerungen sind sowohl von den britischen Joint Chiefs of Staff, von Eisenhower und vom britischen Auslandsgeheimdienst SIS verbürgt. Dem britischen Major-General Francis Baron Rennell of Rodd, im Sommer und Herbst 1943 Chief Civil Affairs Officer der Alliierten Militärregierung für die besetzten Gebiete (AMGOT), war die damit verbundene Gefahr durchaus bewusst. Er konnte aber nicht verhindern, dass die Cosa Nostra das vorübergehende Machtvakuum schnell füllte.

Die Alliierten zogen aus der Zusammenarbeit mit der Mafia weder für »Husky« noch für andere Zwecke große Vorteile. Auch ohne sie war die 7. US-Armee unter Patton überlegen genug, um den Westteil der Insel schnell und mühelos zu erobern. Dagegen profitierte die Cosa Nostra nach den Kämpfen erheblich von der Zusammenarbeit. Die unerfahrenen alliierten Instanzen durchschauten die Fassade dieser vermeintlich ehrenwerten Gesellschaft nicht ohne Weiteres. Angehörige der Mafia galten oft genug als Verfolgte des Mussolini-Regimes, mit denen man schon im Feldzug gute Erfahrungen gemacht hatte. Zudem erhielten die konservativen ›Ehrenmänner‹ einen guten Leumund durch natürliche Verbündete im Kampf gegen Kommunisten und Sozialisten: die katholische Geistlichkeit, die selbst von der Mafia unterwandert war. So wurden oft Personen von zweifelhaftem Ruf anstelle der verhafteten und entlassenen Repräsentanten der alten Ordnung bevorzugt, wenn wichtige Positionen in Politik und Verwaltung zu besetzen waren. Ein Beispiel ist Calogero Vizzini. Obwohl er dem Militärgeheimdienst OSS als ein Oberhaupt der Cosa Nostra auf Sizilien bekannt war, setzte ihn das US-Militär als Bürgermeister von Villalba ein und ernannte ihn zum Ehrenoberst.

Die Alliierte Militärregierung in Sizilien unter Lord Rennell war in keiner beneidenswerten Lage. Nach dem Abzug der Kampftruppen blieb ihr relativ wenig eigenes Personal, um das politische, wirtschaftliche und administrative Leben Siziliens wieder in Gang zu bringen. Insofern fiel es der Cosa Nostra leicht, sich mit ihren Leuten anzudienen, zumal diese sich aufgrund ihrer skrupellosen und brutalen Methoden als sehr durchsetzungsfähig erwiesen. Die Cosa Nostra wurde sogar gefährlich für die politische Einheit des neuen italienischen Staates, indem sie den starken Separatismus auf Sizilien unterstützte.

Nicht nur auf Sizilien verstand es die Mafia, sogar die AMGOT selbst zu unterwandern. Das zeigt ein Fall aus Neapel, wo schon damals die Clans der Camorra über die Unterwelt herrschten. Die zentrale Figur dabei war Vito Genovese, ein italo-amerikanischer Mafiaboss, der 1937 vor der Strafverfolgung aus New York nach Neapel geflohen war. Dort hatte er sich zunächst in höchsten faschistischen Kreisen lieb Kind gemacht, wechselte Ende 1943 aber schnell die Seite. Im Frühjahr 1944, längst ein führender Kopf der Camorra, wurde er Fahrer und Berater von US-Colonel (Oberst) Charles Poletti, Kommissar der Alliierten Kontrollkommission (ACC) für die Provinz Kampanien. Der Reserveoffizier italienischer Abstammung hatte zuvor in der AMGOT unter Lord Rennell in Palermo gedient. Im Zivilberuf war er Jurist und Politiker, Vize-Gouverneur und kurzzeitig sogar Gouverneur des Staates New York gewesen.

Obwohl viel dafürspricht, wurde nie nachgewiesen, dass Poletti in die kriminellen Aktivitäten Genoveses schuldhaft verstrickt war. Letzterer nutzte seine Position, um insgeheim eine der größten Schwarzmarktorganisationen in Süditalien aufzubauen. Ihr Geschäft profitierte dank korrupter alliierter und italienischer Amtsträger wesentlich vom alliierten Nachschub für Italien mit seiner Hauptbasis Neapel. Nach offiziellen Schätzungen verschwand etwa ein Drittel davon in dunklen Kanälen. Wichtigster Partner Genoveses auf Sizilien wurde Calogero Vizzini. Allerdings kam ihm die US-Militärpolizei schon im August 1944 auf die Schliche. Seine Verhaftung und Rückführung in die USA hatte für ihn zunächst keine negativen Folgen. Eine Mordanklage endete mit dem Freispruch, weil wichtige Zeugen ebenfalls ermordet worden waren. Er fand wieder seinen Platz in der New Yorker Mafiahierarchie, musste Jahre später doch in Haft und starb dort an einem Herzinfarkt.

Auf Ersatz für Genovese musste die Unterwelt in Neapel nicht lange

US-Colonel Charles Poletti (1903–2002) – hier 1945 auf einem Empfang in Rom –, ehemals Vize-Gouverneur des US-Bundesstaates New York, übernimmt ab 1943 als Reserveoffizier führende Funktionen in der alliierten Militärverwaltung zunächst in Palermo, später in Neapel und Rom und pflegt dabei Kontakte zu Mafiagrößen.

warten. Anfang 1946 traf dort ein enger Vertrauter von ihm ein: »Lucky« Luciano. Der Gouverneur von New York hatte dem »Boss aller Bosse« den Rest seiner Haftstrafe erlassen, verbunden mit der Abschiebung nach Italien. Obwohl Luciano auf behördliche Anweisung den Raum Neapel nicht verlassen durfte, sah man ihn bald in Kuba, wo er im Schutz der Batista-Diktatur ein Glücksspielparadies aufbaute, bevor ihn die US-Behörden 1947 auch von dort vertrieben. In Neapel baute Luciano den Schwarzmarktbetrieb Genoveses aus und knüpfte dabei an die Kontakte mit Vizzini an. Seine guten Verbindungen nach New York halfen ihm, ein neues, viel lukrativeres Geschäftsfeld für die Mafia zu erschließen: den Handel mit Drogen, der dadurch eine transatlantische Dimension erhielt. Alliierte Kontrolle musste Luciano nicht mehr fürchten, nachdem im September 1947 der Friedensvertrag der Alliierten mit Italien in Kraft getreten war und die ACC ihre Arbeit eingestellt hatte.

Daher blieb es ab 1947 der jungen italienischen Demokratie allein überlassen, für Ordnung und Sicherheit im Land zu sorgen. Die Schwere dieser Bürde zeigte sich spätestens 1962, als nach dem – natürlichen – Tod Lucianos am 26. Januar der erste große Mafiakrieg ausbrach. Er schlief erst 1963 wieder ein und forderte vor allem auf Sizilien Dutzende Tote und Verletzte. Es bleibt das ernüchternde Fazit, dass die Alliierten im Zuge ihrer Befreiung Italiens vom Faschismus nicht nur die Demokratie ins Land brachten. Ohne es zu wollen, verhalfen sie auch der italienischen Mafia zu neuem Leben.

↗ Kurz nach dem Kriegseintritt Italiens an der Seite Deutschlands am 10. Juni 1940: Passanten in Rom betrachten Propagandaplakate, die sich gegen den Kriegsgegner Frankreich richten. Die Propaganda beansprucht Korsika für Italien und sieht das französische Tunesien als Bedrohung für Italien.

10 Schlussbetrachtung

Luftangriffe der Westalliierten machten Italien nicht erst 1943, sondern bereits ab Sommer 1940 zum Kriegsschauplatz. Sie erreichten nie das Ausmaß der Bombardierung Deutschlands, doch erschütterten sie und die Niederlage in Nordafrika die Moral der Bevölkerung so stark, dass Mussolinis Regime und das deutsch-italienische Bündnis nicht mehr zu retten waren, als im Juli 1943 der ›eigentliche Krieg‹ nach Italien kam. Diesen Krieg führten im Wesentlichen fremde Mächte auf italienischem Territorium. Er zog das Land und seine Bevölkerung stark in Mitleidenschaft; militärisch aber waren beide nur am Rande beteiligt. Der alliierte Feldzug gegen die deutsche Wehrmacht in Italien erreichte seine Ziele: den Sturz des Mussolini-Regimes, die Loslösung Italiens aus dem Achsenbündnis und schließlich die Befreiung des Landes von den Deutschen. Letzteres kostete die Alliierten allerdings sehr viel mehr Aufwand, Mühe, Zeit und Verluste als erwartet. Eine andere Hoffnung erfüllte sich nicht: Ihr Engagement in Italien entlastete weder die Rote Armee noch später die alliierte Front in Frankreich merklich.

Natürlich fehlten den Deutschen ihre in Italien eingesetzten Divisionen anderswo. Deren Zahl stieg vor allem 1943 sogar deutlich an. Insgesamt aber blieb der deutsche Aufwand für Italien relativ gering. Im Herbst 1943 etwa band er nicht einmal fünf Prozent der Wehrmacht. Umgekehrt fesselten die Deutschen mit diesem relativ geringen Einsatz deutlich mehr Kräfte des Gegners. Auch deshalb mussten die Alliierten die Operation »Overlord« schließlich bis in den Juni 1944 verschieben. Zudem gelang es Hitler auf diese Weise, die Herrschaft Mussolinis über einen großen Teil des Landes aufrechtzuerhalten und dessen wirtschaftliche Ressourcen auszubeuten.

Lange Zeit konnten die Deutschen in Italien ihre zahlenmäßige Unterlegenheit durch größere Kampferfahrung ausgleichen und sich deshalb in der Defensive behaupten. Einen wichtigen ›Verbündeten‹ besaßen sie in der an natürlichen Hindernissen reichen Geographie Italiens. Sie begünstigte die deutsche Taktik der Verzögerung und der zeitlich begrenzten Verteidigung. Daneben bewahrte die Wehrmacht fast bis

Sinnbild für das Leiden der Zivilbevölkerung im Krieg: Ein italienischer Junge als einziger Überlebender seiner Familie nach der Schlacht um Cassino, 1944.

zuletzt ihre Fähigkeit zur schnellen Schwerpunktbildung und zum Gegenangriff. Wiederholt schadeten jedoch Eingriffe Hitlers und des OKW der deutschen Operationsführung, etwa beim Kampf um Anzio sowie in der Endphase vor Bologna.

Auch die alliierte Seite hatte ihre hausgemachten Probleme. Nicht zu übersehen sind die militärischen Eskapaden von Montgomery, Patton und Clark sowie der daraus entstandene Schaden für die alliierte Sache. Im Großen und Ganzen aber konnten Amerikaner und Briten ihre strategischen wie operativen Differenzen im gemeinsamen Interesse überwinden. Ihre Kriegführung war freilich schwerfälliger und weniger risikobereit als die deutsche. Insofern stehen »Husky«, »Avalanche« und »Shingle« nicht nur für Erfolge, sondern auch für verpasste Chancen. Die Alliierten erwiesen sich jedoch als lernfähig. Dass ihnen nach der erfolgreichen Landung auf Sizilien der Sieg nicht mehr zu nehmen war, verdankten sie wesentlich ihrer großen materiellen Überlegenheit – zum einen an Artillerie, vor allem aber ihrer Luftwaffe, die am Himmel bald keinen Gegner mehr hatte. Nicht zuletzt verfügten sie im Hintergrund mit »Ultra« über ein kriegsentscheidendes Nachrichtenmittel.

Hauptleidtragende des Krieges in ihrem Land waren die Italiener selbst. Etwa 150 000–160 000 italienische Soldaten und Zivilisten kamen auf italienischem Boden zwischen Juli 1943 und Mai 1945 kriegsbedingt ums Leben. Davon gingen mindestens 60 000 Tote auf das Konto der alliierten Luftangriffe. Ähnlich viele Italiener starben in einem der blutigsten Partisanenkriege Europas, die Hälfte davon waren selbst Partisanen. Weitere 10 000 zivile Todesopfer verursachten deutsche Vergeltungsakte in Zusammenhang mit dem Partisanenkrieg. Den großen Rest machten überwiegend zivile ›Kollateralschäden‹ der Bodenkämpfe aus, also Menschen, die zufällig in die Schusslinie gerieten, eine Sprengfalle auslösten, dem Artilleriebeschuss ihres Ortes ausgesetzt waren und ähnliches mehr. Die Zahl der verletzten und verwundeten Italiener ging in die Hunderttausende.

Alliierte und Deutsche erlitten im Kampf um Italien jeweils etwa ähnlich hohe Verluste. Die militärischen Statistiken zählten zunächst die Gesamtverluste an Toten, Verwundeten und Vermissten bzw. Gefangenen. Sie betrugen auf deutscher Seite 360 000 und auf alliierter Seite 313 000 Soldaten, davon 120 000 Amerikaner und 90 000 Briten. Allein an Toten hatten beide Seiten jeweils etwa 100 000 zu beklagen.

Der heutige polnische Soldatenfriedhof unterhalb der nach dem Krieg wiedererrichteten Abtei Montecassino mit den Gräbern der 1052 polnischen Soldaten, die im Kampf um den Monte Cassino gefallen sind.

Das Deutsche Reich führte in Italien einen verbrecherischen Krieg. Raub, Plünderung, Vergewaltigung und Mord waren an der Tagesordnung. Neben den Deutschen waren daran auch italienische Faschisten beteiligt. Auf die alliierte Kriegführung fiel immerhin ein Schatten, vor allem wegen der massenhaften Übergriffe gegen italienische Frauen. Tötungsverbrechen alliierter Soldaten blieben jedoch eher die Ausnahme. Zur Eskalation der Gewalt trug der Partisanenkrieg hinter der Front bei, der sich zu einer Art Bürgerkrieg entwickelte. Einen denkwürdigen Aufschwung erlebte die italienische Mafia im Windschatten des alliierten Sieges. So hinterließ der Krieg manch schwere Bürde für die junge Nachkriegsdemokratie in Italien.

Die Wunden, welche die deutschen Kriegsverbrechen in Italien dem deutsch-italienischen Verhältnis zugefügt hatten, schienen nach dem Krieg schnell zu heilen. Schon Ende 1950 nahmen die junge Bundesrepublik Deutschland und die Italienische Republik diplomatische Beziehungen auf. Seine erste Auslandsreise als Bundeskanzler führte Konrad Adenauer nach Rom. Er und Ministerpräsident Alcide De Gasperi fanden rasch zu einer vertrauensvollen Zusammenarbeit. Beide gehörten zu den Gründervätern eines vereinten Europa, das vom Gedanken der Aussöhnung zwischen den Völkern inspiriert war.

Doch stand die Annäherung beider Länder zunächst stärker im Zeichen ihres wirtschaftlichen Aufschwungs und ihrer neuen sicherheitspolitischen Allianz. Während für Italien der deutsche Massentourismus bald ein wichtiger Wirtschaftsfaktor wurde, profitierte die boomende Bundesrepublik von einem Abkommen zur Anwerbung von »Gastarbeitern«, das sie 1955 mit Italien schloss. Im selben Jahr machte der Beitritt der Bundesrepublik zur NATO beide Länder auch zu Partnern in der westlichen Verteidigungsgemeinschaft. Endlich einigte man sich 1961 über die materielle Wiedergutmachung von NS-Unrecht an

Um die Normalisierung der deutsch-italienischen Beziehungen bemüht: Bundeskanzler Konrad Adenauer (1876–1967; links) und Ministerpräsident Alcide De Gasperi (1881–1954; rechts) vereinbaren am 27. Februar 1953 in Rom die Reaktivierung der deutschen wissenschaftlichen Institute in Rom sowie die Bildung einer Kommission, welche die Rückgabe italienischer Kunstwerke aus unrechtmäßigem deutschem Besitz regeln soll.

Italienern. In der Folge leistete die Bundesrepublik pauschal Schadensersatz in Höhe von 40 Millionen D-Mark.

Der Schulterschluss auf hoher politischer Ebene ersetzte nicht die Aufarbeitung der belasteten Vergangenheit, die Voraussetzung für eine wirkliche Aussöhnung zwischen Deutschen und Italienern war. Dem standen generationsbedingt in beiden Ländern noch längere Zeit große Hindernisse entgegen. In Deutschland behinderte die schleppende historische und juristische Aufarbeitung des NS-Unrechts die kritische Auseinandersetzung mit der eigenen Vergangenheit. Die Legendenbildung um eine »saubere Wehrmacht« tat ein Übriges. Und in Italien lenkte die Überhöhung der italienischen »Resistenza« von dem Umstand ab, dass einst ein faschistisches Italien mit Deutschland paktiert hatte.

Ein offenerer Umgang mit der eigenen Geschichte, gestützt auf neuere Erkenntnisse der historischen Forschung, brachte beide Seiten seit den 1980/90er Jahren weiter und einander näher. Auf dieser Grundlage bemüht sich die deutsche Politik seit etwa 20 Jahren verstärkt am historischen Ort um die Aussöhnung zwischen Deutschen und Italienern. Den Anfang machten Bundespräsident Johannes Rau und Bundesinnenminister Otto Schily, die sich 2002 in Marzabotto bzw. 2004 in Sant'Anna di Stazzema zur deutschen Schuld bekannten und um Vergebung baten.

Anhang

Zeittafel

1943

14.–24. Januar	Alliierte Konferenz von Casablanca
12./13. Mai	Kapitulation der deutsch-italienischen Heeresgruppe Afrika bei Tunis
10. Juli	Alliierte Landung auf Sizilien (Operation »Husky«)
25. Juli	Absetzung Mussolinis und seine Verhaftung durch den italienischen König
3. September	Geheimer Waffenstillstand zwischen Italien und den Alliierten
8. September	Verkündung des Waffenstillstands; Auslösung von »Fall Achse« durch die Deutschen
9. September	Alliierte Landung im Golf von Salerno (Operation »Avalanche«)
12. September	Befreiung Mussolinis durch die Deutschen
1. Oktober	Einmarsch der Alliierten in Neapel

1944

17. Januar	Beginn der 1. Schlacht um Cassino
22. Januar	Alliierte Landung bei Anzio (Operation »Shingle«)
15. Februar	Alliierte Bombardierung und Zerstörung des Klosters Montecassino
15. März	Beginn der 2. Schlacht um Cassino
11. Mai	Beginn der 3. Schlacht um Cassino
4. Juni	Einmarsch der Alliierten in Rom
7. August	Rückzug der Deutschen aus Florenz
18. September	Amerikanischer Durchbruch am Futa- und Giogo-Pass
21. September	Einnahme von Rimini durch die britische Armee
27. Oktober	Einstellung der alliierten Offensive in Italien

1945

9. April	Beginn der alliierten Frühjahrsoffensive (Operation »Grapeshot«)
20. April	Einmarsch der Alliierten in Bologna
23. April	Ende des deutschen Widerstands südlich des Po
29. April	Waffenstillstand zwischen Alliierten und Deutschen in Italien
2. Mai	Kapitulation der deutschen Streitkräfte in Italien
8. Mai	Kapitulation der Wehrmacht und Ende des Zweiten Weltkriegs in Europa

Generallegende

Nationalitäten

Deutsche | Italiener | Briten (+Empire) | US-Amerikaner | Franzosen

Größenordnungszeichen

XXXXX	Heeresgruppe
XXXX	Armee
XXX	Korps
XX	Division
X	Brigade
III	Regiment
II	Bataillon

Truppengattungszeichen

- Panzer-
- Panzergrenadier-
- Infanterie-
- motorisierte (schnelle) Infanterie-
- Fallschirmjäger-
- Gebirgsjäger-

Sonstiges

- Angriff/Bewegung
- Rückzug
- (+) verstärkt
- (–) vermindert
- Tle. Teile

Abkürzungen

Alg.	algerisch	**Kü.**	Küsten-
B.	Besatzungs-	**Lomb.**	Lombardia
Brit.	britisch	**Lw**	Luftwaffen-
Div.	Division	**Mar.**	marokkanisch
Exp.	Expeditions-	**mot.**	motorisiert
F.	Festungs-	**NZ**	neuseeländisch
Fsch.	Fallschirm-	**O.B.**	Oberbefehlshaber
Flak	Flugabwehrkanone	**Pol.**	polnisch
Franz.	französisch	**Prov.**	Provisional-
Geb.	Gebirgs-	**Pz.**	Panzer-
H.G.	Hermann Göring	**Pz.Gren.**	Panzergrenadier-
H.Gr.	Heeresgruppe	**RFSS**	Reichsführer SS
i. Auffr.	in Auffrischung	**RSI**	Italienische Sozialrepublik (Repubblica Sociale Italiana)
i. Aufst.	in Aufstellung	**SAF**	südafrikanisch
Ind.	indisch	**SS**	Schutzstaffel
i. Verl.	in Verladung	**SS LSAH**	SS Leibstandarte Adolf Hitler
i. Zuf.	in Zuführung	**Tle.**	Teile
Kan.	kanadisch	**US**	United States (Vereinigte Staaten von Amerika)
Komm. Gen. d. Sich.Tr.	Kommandierender General der Sicherungstruppen		

Die höchsten militärischen Dienstgrade im Heer

Deutschland	Italien	Großbritannien	USA	Frankreich
Generalfeldmarschall	Maresciallo d' Italia	Field-Marshal	General of the Army	Maréchal de France
Generaloberst	Generale d' Armata	General	General	Général d' armée
General (der Waffengattung)	Generale di Corpo d' Armata	Lieutenant-General	Lieutenant General	Général de corps d' armée
Generalleutnant	Generale di Divisione	Major-General	Major General	Général de division
Generalmajor	Generale di Brigata	Brigadier	Brigadier General	Général de brigade

Anmerkungen

Um operationsgeschichtliche Abläufe möglichst verständlich und übersichtlich abzubilden, wurden für alle Karten in diesem Band die weithin geläufigen taktischen Zeichen der Bundeswehr gemäß der ehemaligen Zentralen Dienstvorschrift 1/11 verwendet.
Bei einzelnen Karten weichen manche Schreibweisen geografischer Namen von der heutigen Transkription gemäß Duden ab, da die zeitgenössische deutsche Transkription zugrunde gelegt wurde.

Literaturhinweise

Alvensleben, Udo von: Zerstörung Italiens 1943. In: Ders.: Lauter Abschiede. Tagebuch im Kriege. Frankfurt a. M. u. a. 1971. S. 277–355.

Atkinson, Rick: The Day of Battle. The War in Sicily and Italy 1943–1944. New York 2007.

Ben-Arie, Katriel: Die Schlacht bei Monte Cassino 1944. Freiburg i. Br. 1986.

D'Este, Carlo: Bitter Victory. The Battle for Sicily July–August 1943. London 1988.

Ellis, John: Cassino. The Hollow Victory. The Battle for Rome January–June 1944. London 1984.

Fisher, Ernest F. (Jr.): United States Army in World War II. The Mediterranean Theater of Operations. Cassino to the Alps. Washington, DC, 1977.

Gentile, Carlo: Wehrmacht und Waffen-SS im Partisanenkrieg: Italien 1943–1945. Paderborn 2012.

Hammel, Klaus: Der Krieg in Italien 1943–45. Brennpunkt Cassino-Schlachten. Bielefeld u. a. 2012.

Le Gac, Julie: Vaincre sans gloire. Le Corps expéditionnaire français en Italie (novembre 1942–juillet 1944). Paris 2013.

Lieb, Peter: Krieg in Nordafrika 1940–1943, Stuttgart 2018.

Lingen, Kerstin von: Kesselrings letzte Schlacht. Kriegsverbrecherprozesse, Vergangenheitspolitik und Wiederbewaffnung: Der Fall Kesselring. Paderborn u. a. 2004.

Mauss, Hans-Jörg: Als Sanitätsoffizier im II. Weltkrieg. Das Kriegstagebuch des Dr. Wilhelm Maus. Berlin 2008.

Molony, C. J. C.: The Campaign in Sicily 1943 And The Campaign in Italy 3rd September 1943 to 31st March 1944. London 1973.

Nebel, Gerhard: Auf ausonischer Erde. Italienisches Tagebuch 1943/44. Wuppertal 1949.

Newark, Tim: The Mafia at War. Allied Collusion with the Mob. London 2007–2012.

Overy, Richard: Italien: Der Krieg der Wörter und Bomben. In: Ders.: Der Bombenkrieg. Europa 1939–1945. Berlin 2014.

Pahl, Magnus: Monte Cassino 1944. Der Kampf um Rom und seine Inszenierung. Paderborn 2021.

Schreiber, Gerhard: Die italienischen Militärinternierten 1943–1945. München 1990.

Abbildungsnachweis

akg-images: 27, 33 Mondadori Portfolio, 45, 68, 69, 73 François Guénet, 97 Album/Excelsa/Mayer Burstyn, 109 Mondadori Portfolio, 111, 117 Sammlung Berliner Verlag/Archiv, 129, 135 Heritage-Images/Keystone Archives, 138

Alamy Stock Foto: 25 Alto Vintage Images, 95 De Luan, 137 Gianniblues

bpk Bildagentur: 17, 28, 51, 55 Bayerische Staatsbibliothek/Archiv Heinrich Hoffmann, 57, 89, 126/127, 147, 148

Bridgeman Images: 78 Giancarlo Costa, 93 Everett Collection, 103 National Army Museum, 120/121 und 124 Mondadori Portfolio

Bundesarchiv Bildarchiv: 9 Bild 146-2009-0114, 30 Bild 183-J14953, 46 Bild 101I-568-1540-08, 49 Bild 101I-567-1503B-23, 60 Bild 101I-477-2110-34A, 64 Bild 101I-310-0892-07, 67 Bild 146-1974-006-62, 77 Bild 101I-311-0947-14A, 79 Bild 101I-578-1928-23A, 81 Bild 146-2005-0004, 100 Bild 101I-587-2267-24, 113 Bild 101I-476-2051-30A

Getty Images: 24 Hulton Archive, 63 Archive Photos, 145 Mondadori Portfolio

imago images: 11 ZUMA/Keystone

Picture alliance: 41 AP/Anonymous, 133 dpa/ansa, 141 United Archives/TopFoto, 150 imageBROKER/Raimund Kutter, 151 dpa/DB inp

ullstein bild: 7, 12, 19, 34/35, 58, 102 adoc-photos

Süddeutsche Zeitung Photo: 13 Scherl, 38, 83 und 91 Rue des Archives/Tallandier, 104/105 und 118 Scherl, 131

Personenregister

Adenauer, Konrad 150 f.
Alexander, Harold 16 f., 19 f., 32, 33, 39, 45, 57 f., 65, 68, 70, 79, 83, 85, 92 f., 98, 103, 106, 108 f., 116, 118 f., 122, 129

Baade, Ernst-Günther 36, 79
Badoglio, Pietro 44 f., 139

Canaris, Wilhelm 74
Churchill, Winston S. 10, 14, 16, 15, 69 f., 72, 83, 110, 113, 139
Clark, Mark W. 51, 54 f., 58, 65, 68, 70, 72, 74, 76, 78 f., 92, 93–95, 98, 103 f., 108, 110, 111, 112, 119, 122, 129, 149

De Gasperi, Alcide 150 f.
Diamare, Gregorio 64
Dostler, Anton 138 f.
Dulles, Allan 130

Eaker, Ira C. 85
Eisenhower, Dwight D. 11, 16 f., 19 f., 22, 33, 39, 44 f., 51 f., 58, 68, 70, 143

Freyberg, Bernard 80–83

Gaulle, Charles de 67
Genovese, Vito 144 f.
Graziani, Rudolfo 117
Guzzoni, Alfredo 24–26, 29, 32–34

Heidrich, Richard 79, 88, 106
Herr, Traugott 52, 61, 92, 94, 106
Hitler, Adolf 8 f., 12, 14, 22 f., 30, 32, 38, 41, 44–48, 56, 59, 72, 76 f., 91, 92, 94 f., 99, 101 f., 105 f., 108, 122–124, 132, 138 f., 148 f.
Hube, Hans Valentin 8 f., 32 f., 35 f., 38, 52, 57 f., 64

Juin, Alphonse 70

Kappler, Herbert 136
Keitel, Wilhelm 12
Kesselring, Albert 13, 25 f., 33, 38, 47, 55 f., 59, 64, 65, 72, 74, 76–78, 80, 88–94, 96, 98–102, 105 f., 108, 110, 112, 116 f., 121 f., 124, 128, 130, 132, 134, 136
Keyes, Geoffrey 108

Leese, Oliver 70, 106, 108, 116, 122
Lemelsen, Joachim 94, 117
Liebenstein, Gustav Freiherr von 36
Lucas, John 72, 74, 76
Luciano, »Lucky« 142, 145 f.

Mackensen, Eberhard von 59, 76, 92, 94
Mason-MacFarlane, Noel 45
McCreery, Richard 116, 128 f.
Montgomery, Bernard L. 11, 16, 19 f., 32 f., 39, 52, 61, 69, 149
Mussolini, Benito 9, 12–14, 32, 40 f., 44, 47–49, 108, 117, 128, 132, 134, 139, 142 f., 147 f., 154

Pantaleone, Michele 141
Patton, General George S. 33
Patton, George S. 19 f., 29, 32 f., 39, 138, 143, 149
Pius XII. (Papst) 40
Poletti, Charles 144 f.
Priebke, Erich 136

Rau, Johannes 152
Reder, Walter 135

Rennell of Rodd, Francis Baron 143 f.
Rommel, Erwin 11, 44, 47, 59, 89, 132
Roosevelt, Franklin D. 10, 14, 16, 45, 70, 80
Rossellini, Roberto 96f.
Röttiger, Hans 130

Scheungraber, Josef 136
Schily, Otto 152
Schlemm, Alfred 76, 105 f.
Senger und Etterlin, Fridolin von 26, 32, 64 f., 72, 85, 89 f., 101, 128–130
Skorzeny, Otto 48
Smith, Walter B. 33
Stalin, Josef 14
Student, Kurt 48

Tedder, Arthur 45
Tippelskirch, Kurt von 119
Tito, Josip Broz 122, 128
Truscott, Lucian K. 92, 119, 122, 129

Victor Emmanuel III. 44
Vietinghoff, Heinrich von 52, 54–56, 64, 76, 88, 94, 106, 117, 122, 124, 126, 128, 130, 134
Vizzini, Calogero 141–145

Wentzell, Fritz 94, 108
Wilson, Henry M. 70, 118 f.
Wolff, Karl 129 f.